Cómo vivir el

mejor año de su vida

LIBROS DE SABIDURÍA POR JIM ROHN

El poder de la ambición

El arte de la vida excepcional

6 estrategias para lograr la disciplina

Las cinco piezas del rompecabezas de la vida

El día en que cambia su vida

Cómo vivir el mejor año de su vida

Cómo
vivir el

mejor
año de
su vida

Estrategias para el crecimiento,
la productividad y la felicidad

JIM ROHN

Una publicación oficial de Nightingale-Conant

Publicado y distribuido por:
SABIDURÍA SONORA
Apartado de correos 310
Shippensburg, PA 17257-0310
717-530-2122

info@soundwisdom.com

www.soundwisdom.com

ISBN 13 TP: 978-1-64095-558-5

ISBN 13 eBook: 978-1-64095-559-2

Para distribución mundial, impreso en EE.UU.

1 2024

CONTENTS

PRÓLOGO

Hay un día, aparentemente como cualquier otro, en el que todo cambia. Es el día en que decide de una vez por todas emprender un nuevo camino hacia las metas que, hasta ese fatídico día, sólo habían sido sueños nebulosos. Es el día en que piensa: "Ya está bien de vivir una vida con mala salud, una cuenta bancaria vacía y promesas incumplidas", el día en que de repente le invade la determinación de hacer lo que sea necesario para vivir, por fin, la vida que siempre ha sabido que es capaz de vivir.

Es el día en que le invade la conciencia de que el tiempo es oro y de que cada día que pasa sin cumplir sus metas es como soltar un globo de helio en el cielo. Más pronto de lo que cree, será un recuerdo lejano que nunca volveremos a ver. Es el día en que decide aprovechar cada momento precioso y le da el valor que se merece.

Este puede ser el mejor año de su vida: día tras día, tras día, viviendo la vida con la que siempre ha soñado.

A la temprana edad de 25 años, Jim Rohn, maestro motivador y filósofo de los negocios, conoció a su mentor, John Earl Shoaff, quien le presentó una oportunidad de negocio única en el mundo del mercadeo en redes. El Sr. Shoaff no sólo enseñó a Jim a construir un negocio extraordinario, sino que también le enseñó a construir una vida extraordinaria.

Jim Rohn utilizó las lecciones que aprendió para pasar de una vida de rendimiento mediocre, sueños rotos y una limitada cuenta bancaria a niveles increíbles de riqueza, tanto tangible como intangible, a la edad de 31 años. La sabiduría clásica que nos comparte en este libro le ayuda a usted a hacer lo mismo. Jim comparte sus ideas de una forma novedosa, hablando de los sencillos pero dramáticos acontecimientos que cambiaron su vida y le condujeron a los mejores años de su existencia.

Aunque los días que cambian la vida pueden ser tan transformadores como aquel en el que decide no volver a probar una gota de alcohol o tan simples como mentirle a una niña exploradora para no comprarle sus galletas. Todos los días que cambian la vida tienen algo en común: todos implican una batalla interna dentro de nuestra cabeza, una batalla que hay que ganar.

Como dice el autor, para ganar la batalla en su propia mente debe confiar en la ley de los promedios, en que las circunstancias trabajarán a su favor y en que sus esfuerzos se verán recompensados. Hay un dicho antiguo y probado que dice *que si no puede encontrar las circunstancias que desea, usted mismo deberá crearlas.*

Jim Rohn amplía esta idea mostrándole cómo tomar acción para cambiar cualquier área de su vida y mejorarla.

La clave está en empezar.

Atentamente,

Corporación Nightingale-Conant

1

TIEMPO Y DINERO

El tiempo es más valioso que el dinero. Puede conseguir más dinero, pero desgraciadamente no puede conseguir más tiempo. Si alguien le pide que gaste su dinero, es bastante fácil hacerlo, ¿verdad? Como yo, puede que viva en Estados Unidos de América; somos ricos en comparación con muchos otros países, así que el dinero no es problema.

Pero, ¿y si alguien le pidiera que pasara un día con él? Seguro que tendría que pensarlo detenidamente. No desperdiciaría ni uno de mis días, ni por nadie, ni por nada. Una vez que comprendí lo valioso que es cada día, no he desperdiciado ninguno.

Le agradezco que haya decidido invertir su dinero y tiempo en leer este libro. Utilicé muchos de mis valiosos días hablar con cientos y cientos de personas que dieron como resultado este libro. No necesito el dinero, pero sí el tiempo, y estoy feliz de compartirlo con usted ahora.

Le estoy ofreciendo el valor que me he ganado, y quiero hacer que la lectura de este libro merezca su tiempo. He invertido tiempo en él y usted también va a invertirlo. Saquémosle el máximo partido, y no me cabe duda de que podrá vivir el mejor año de su vida.

DE AQUÍ A ALLÁ

Crecí en el campo, en la parte suroeste de Idaho. De hecho, mi padre aún vive en la antigua granja donde crecí. Cumplirá 89 este año y todavía no se ha jubilado. Estoy orgulloso de mi padre, es realmente especial, y estoy intentando que se jubile ahora a los 88 años.

Le dije:

—Este es un buen año para jubilarse, a tus 88 años.

—Recuérdamelo dentro de diez años, puede que entonces ya esté preparado para ello— respondió.

Fue esa actitud la que sentó las bases de mi futura visión de la vida.

Fui a la escuela, me gradué, fui a la universidad un año, pero a mitad del segundo decidí que ya había aprendido lo suficiente y dejé de estudiar. Ese fue uno de mis mayores errores. Tendría que haber seguido estudiando, pero pensé: *"Vaya, soy lo bastante listo como para conseguir un trabajo y de eso se trata la vida, ¿no? Conseguiré un trabajo, pagaré mis facturas, trabajaré duro, no me meteré en líos, cruzaré los dedos y esperaré que me vaya de lo mejor"*. Pensé que al menos estaba preparado para eso, así que dejé la universidad y me puse a trabajar. Poco después me casé, formé mi pequeña familia y hacía, según yo, mi mejor esfuerzo.

Pero hacia los 25 años empecé a tener problemas. Había comprado un poco más de lo que podía pagar a tiempo, y los acreedores empezaron a llamarme diciendo que mis cuentas estaban vencidas, y me sentí avergonzado.

También me avergonzaba que yo, el muy presumido, hubiera hecho un montón de promesas extravagantes para casarme. No había cumplido ni una de esas promesas y eso me desalentaba. *Bueno, tal vez debería volver a la escuela.* Un año de universidad, no sonaba tan terrible, pero es difícil volver a estudiar, sobre todo cuando tenía una familia y todas esas responsabilidades. Me di cuenta de que había dejado pasar el momento en el que me tocaba estudiar y abandoné esa idea.

Entonces pensé: *Bueno, sería fantástico si tuviera mi propio negocio, pero me falta dinero.* A mi quincena le sobraban días, esa era mi vida a los 25 años. Así que también tuve que descartar esa idea.

La pregunta entonces era: *¿Adónde voy ahora?* Y fue ahí donde se produjo el milagro. La suerte se cruzó en mi camino, y ¿quién puede explicar las cosas extraordinarias que nos suceden en un momento determinado?. A veces es simplemente inexplicable. Uno de mis amigos me dijo:

—Oye, las cosas no pasan porque sí, si no para qué.

Esa es una buena frase que deberíamos subrayar: *Las cosas no ocurren porque sí, sino **para que***. Estaba preparado para la buena fortuna.

Un amigo mío estaba trabajando para Earl Shoaff, un hombre muy rico, y un día me dijo:

—Tienes que conocer a este hombre para el que trabajo. Es rico, pero es muy fácil hablar con él y tiene una filosofía de vida única.

Y cuanto más seguía hablando de este hombre, más pensaba yo: *"Tiene razón, tengo que conocer a este hombre".*

Poco después conocí a ese hombre notable y rico, y me impresionó. Estaba tan intrigado que a los pocos minutos me dije: *"Aunque soy un granjero de Idaho, daría cualquier cosa por ser como el señor Shoaff. Si pudiera moverme a su alrededor y si él me enseñara lo que tengo que hacer, estaría dispuesto a aprender. Soy entrenable.*

Darme cuenta de esa oportunidad se convirtió en mi buena fortuna. Unos meses más tarde, el Sr. Shoaff se interesó por mí y me contrató, y pasé los siguientes cinco años a su servicio. Desgraciadamente, murió al final de ese periodo, a los 49 años. Podríamos decir que pasé los últimos cinco años de su vida con él mientras vivía los primeros cinco años de mi nueva vida. Pude pasar tiempo con este hombre extraordinario y mi sueño se hizo realidad.

El Sr. Shoaff me entrenó, me enseñó, me instruyó sobre los libros que debía leer y sobre las disciplinas del éxito. Me mostró los cambios que necesitaba hacer en mi lenguaje y personalidad para convertirme en lo mejor que podía ser. Lo que compartió conmigo durante esos cinco años cambió literalmente mi vida, le dio la vuelta. Su sabiduría cambió mis ingresos, mi cuenta bancaria, mi futuro, y todo en mí. Nunca he vuelto a ser el mismo desde aquella experiencia única.

Ojalá estuviera vivo para ver a este granjero de Idaho que ha llegado a Dallas-Fort Worth y otras grandes ciudades para hablar en seminarios a sala llena. Si estuviera vivo, le llamaría y le diría:

"No va a creer lo que me está pasando. Ahora comparto con otras personas lo que usted compartió conmigo, y sus vidas han cambiado a mejor gracias a lo que me enseñó.

CONTANDO MI HISTORIA

Hace más de treinta años yo vivía una vida de éxito en Beverly Hills, California. Un día, un amigo empresario me dijo:

—Jim, me gustaría que vinieras a compartir tu historia con el club de servicio al que pertenezco, el Rotary Club. Conozco tu historia, el granjero de Idaho que logra llegar a Beverly Hills, y creo que a los socios de mi club les encantaría escucharla. ¿Vendrías a contarla en uno de nuestros desayunos? Me gustaría que compartieras algunas ideas.

Acepté dar esta charla en el desayuno y, ¿adivinen qué? Les gustó. Entonces mi teléfono empezó a sonar, una llamada tras otra diciendo: "Nos hemos enterado de su historia y de las ideas que ha compartido. ¿Vendría a hablar a nuestro club?". Acepté y poco después dedicaba parte de mi tiempo a dar estas charlas.

Poco después un empresario que había escuchado mi charla dos o tres veces, se me acercó y me preguntó si podía compartir esa historia y algunas reflexiones con sus vendedores de gestión.

—Bueno, déjame pensarlo. Tengo una pequeña empresa en marcha que necesita mi atención—, le dije.

—Si viene a contar su historia a mi organización, estaré encantado de pagarle.

Y pensé: *Vaya, ¿no sería genial que me pagaran por compartir lo que sé, lo que Earl Shoaff me enseñó?* Así que acepté y me pagaron. No tenía idea de la fortuna que me esperaba al traducir mis ideas en charlas, discursos, seminarios y libros. Ahora viajo por todo el mundo. El año pasado estuve en Japón e Israel, España, México, Australia, Nueva Zelanda, Francia, Alemania, Canadá y por todo Estados Unidos.

Me cuesta ver hacia atrás y darme cuenta en qué momento sucedió todo. Crecí en la pobreza, en una pequeña comunidad agrícola, y ahora viajo por todo el mundo; es algo increíble.

Esta es sólo una pequeña parte de mi historia, que puede ser más intrigante para mí que para usted, pero quería que la conociera.

No le pido que se impresione, pero es el sueño americano hecho realidad. Una oportunidad para empezar de cero, desde la oscuridad y con pocos centavos, y tener la oportunidad de transformar su vida.

A lo largo de estas páginas le ofrezco estrategias de crecimiento, productividad y felicidad. Puede cambiar su vida, fijar sus objetivos y ver lo que puede conseguir. Así fue como me sucedió a mí, y estoy encantado de que este día haya llegado para usted también. Realmente quiero ayudarle a que su futuro sea lo más valioso posible.

SINCERIDAD Y VERDAD, IDEAS E INSPIRACIÓN

Manos a la obra. Esto es lo que espero que encuentre en este libro:

UNO: SINCERIDAD Y VERDAD

Por encima de todo, espero que me encuentre sincero. El mejor punto de partida para comunicarse siempre es la sinceridad de ambas partes. Estoy seguro de que usted es sincero o no estaría leyendo este libro, ¿verdad? Si va a invertir dinero, tiempo y trabajo en vivir el mejor año de su vida, significa que debe ser sincero.

Quiero que sepa que soy sincero. La sinceridad no es una prueba de la verdad, no debemos cometer el error de decir:

La sinceridad no es una prueba de la verdad. La verdad tiene que ponerse a prueba a través de la verdad.

"Debe de tener razón porque suena sincero". Eso es un error, y he aquí por qué: es posible estar sinceramente equivocado, así que no confunda sinceridad con verdad. La sinceridad no es una prueba de la verdad. La verdad tiene que ser probada por la verdad, por lo que espero que me encuentre sincero y veraz.

DOS: IDEAS E INSPIRACIÓN

Las ideas son infinitas: ideas empresariales, sociales, perso-nales. Todos necesitamos ideas para avanzar en nuestras carreras, relaciones y aspiraciones personales. Todos necesi-tamos ideas para tener un buen día, un buen año, y el mejor año de nuestra vida. Ideas para la salud, para las relaciones

Las ideas pueden cambiar la vida y, a menudo, lo hacen.

personales, para tratar con la familia, para la gestión de ventas y la producción, para la libertad financiera en el futuro, etcétera.

Todos necesitamos buenas ideas, y por eso comparto con usted todas las que puedo y le explico por qué: las ideas pueden cambiarle la vida. A veces todo lo que necesita es una idea más en una serie de buenas ideas.

Por ejemplo, las ideas pueden ser como probar números en una cerradura. Si prueba los primeros cinco o seis números y la cerradura no se abre, no necesita cinco o seis números más, quizá sólo necesite uno más. Un sermón podría darle esa buena idea, o la letra de una canción, o el diálogo de una película, o una conversación con un amigo.

Ese último número que tiene que probar en la cerradura es como esa última idea. Ahí está la puerta para que la atraviese y quizá este libro se la proporcione. Una idea más. Sé que ha tenido muchas ideas a lo largo de los años; a veces tenemos una corazonada o un pensamiento que vuelve. Yo solía tenerlos, pero sólo tenía eso a mí favor; necesitaba más, necesitaba lo que Earl Shoaff me reveló.

Y puede que lo único que necesite sean algunos pensamientos más, ideas que le proporcionen algunos medios para convertir su vida en el sueño que quiere que sea. Este libro está lleno de ideas y de inspiración. ¿Quién conoce el misterio de la inspiración?, ¿por qué algunas personas se sienten inspiradas y otras no? A usted lo inspiró leer este libro, a otros no. Quién sabe el misterio de por qué algunas personas se sienten inspiradas para avanzar en sus carreras, para aprender más, para aprovechar las oportunidades, y otras no. Esto es lo que yo llamo los misterios de la mente, y lo dejo así. Hay cosas que no intento descifrar.

BURLONES Y CREYENTES

Hay una historia muy interesante sobre el día en que se fundó la iglesia cristiana.[1] No pretendo saber todo lo que hay que saber sobre la Biblia, pero sí sé que ha cambiado la vida de millones de personas en todo el mundo durante más de dos milenios. Se grabó una de las presentaciones más clásicas o sermones más perdurables de todos los tiempos. La enseñanza congregó a mucha gente: más de 3.000 personas se reunieron para escuchar lo que se iba a decir, y lo que más intriga de esta historia es que, una vez terminado el sermón, hubo diversas reacciones, y eso me parece fascinante. Algunos quedaron perplejos, otros no aceptaron lo que se dijo, otros se burlaron y rieron, y muchos creyeron. ¿Por qué iba alguien a quedarse perplejo ante una exposición buena, sincera y directa? ¿Por qué alguien se burlaría o se reiría de la

Habla a quienes puedas inspirar, animar y hacer creyentes.

verdad que ofrecía la liberación de su esclavitud? Respuesta: porque ellos son los que se burlan y se ríen. Así de simple. Yo solía intentar resolver enigmas como ese, por ejemplo, solía decir: "Los mentirosos no deben mentir". Qué ingenuo era. Claro que mienten, son mentirosos, por lo tanto, mienten.

Según la historia, el orador buscaba a los creyentes de entre esta multitud, y 3.000 creyeron. Eso es lo más cerca que podemos estar de comprender el misterio. En toda conferencia algunos creen, otros se burlan, otros se ríen, otros quedan perplejos y otros no saben lo que pasa. Así son las cosas. Lo brillante es darse cuenta de que en cada auditorio encontrará creyentes, burlones y perplejos. Hable con los que pueda inspirar, animar y convertir en creyentes.

SEA AGRADECIDO

Otra idea que abrirá cerraduras en usted mismo y en los demás es dar las gracias. Agradezca lo que ya tiene, eso no debería ser ningún problema en los Estados Unidos de América, porque todo lo que necesitamos está disponible.

Por ejemplo, la gente no ha tramado y conspirado durante los últimos 100 años para entrar en, digamos, Polonia o Corea del Norte. La gente no dice: "Sería fantástico si pudiera llegar a Siria". No, todo el mundo quiere venir a Estados Unidos. ¿Por qué? Tenemos de todo. Libros, iglesias, escuelas, instrucción, inspiración, capital, mercados, desafíos, información, seminarios, etc. Todo está disponible.

Entonces, demos gracias por lo que ya tenemos. El ser agradecido abre puertas, ventanas y canales al crecimiento,

El estar agradecido abre puertas, ventanas y canales al crecimiento, la productividad y la felicidad.

la productividad y la felicidad. De las gracias y aprecie lo que ya tiene.

ACALLAR EL CINISMO

¿Qué cierra las puertas y los canales para recibir más? El cinismo. Cínico es alguien que tiende a ser pesimista, escéptico, alguien que desconfía y duda.

Cuando es cínico sobre el mercado, la gente en general, las instituciones, las relaciones, su trabajo, sus capacidades y sus oportunidades, bloquea todas las cosas buenas que deberían formar parte de su vida. Ser cínico sobre el pasado, el presente y el futuro bloquea la puerta al progreso y te impide aprender. No sea cínico.

SEA UN BUEN ALUMNO

Aprender y escuchar bien es un reto hoy en día, lo comprendo, es difícil sentarse y concentrarse específicamente en una cosa a la vez. Por ejemplo, mientras lee este libro, la mayor parte de su vida sigue transcurriendo fuera de estas páginas. La familia, los negocios, los amigos, la economía, la política y cualquier otra cosa que esté ocurriendo en medio desvía su atención de su objetivo principal.

Haga todo lo posible por aprender y escuchar bien, por concentrarse en lo que es más importante en ese momento. Dedique tiempo a aprender y nunca se arrepentirá

No sea cínico.

SUBRAYE, ENCIERRE EN UN CÍRCULO Y ESCRIBA NOTAS EN LOS MÁRGENES

Le animo a que lea este libro con un bolígrafo o un lápiz en la mano. Subraye, encierre en un círculo o marque con una estrella las frases o los párrafos que le llamen especialmente la atención. Escriba notas en los márgenes, hay gente con la que me encuentro que me enseña notas que tomaron hace años. Una me dijo que todavía utilizaba notas que había tomado hacía 21 años para ayudarse en su negocio y en las relaciones con la familia. Me atrevo a decir que las notas que usted tome hoy le serán igual de valiosas en su futuro.

Una de las formas en que me compensa es que marques el libro y luego utilices lo que tenga sentido. De eso es de lo que me alegro, de las historias que vuelven. Confirman que merece la pena que invierta una parte de mi vida, de mi tiempo y de mi energía en compartir lo que he aprendido. Y quiero que esta inversión que hago hoy se vea recompensada en sus mañanas.

De los que lean este libro, seguro que dentro de seis semanas, seis meses o seis años, algún día dirán: "Lo que leí en el libro *El mejor año de mi vida* me hizo tomar medidas para hacer los cambios necesarios en mi vida, en mi carrera y en mis relaciones familiares." Saber eso hace que el retorno merezca la pena para mí. No el dinero. Esto es algo que no se puede comprar con dinero. Cuando alguien te diga: "Gracias por tocar mi vida y tomarte el tiempo de hacer la inversión", te darás cuenta de que, efectivamente, el retorno de tu inversión es mejor que el dinero.

NO SEA UN SEGUIDOR

No sea un seguidor, sea más bien un estudiante. No busco discípulos. No tengo ninguna asociación a la que deba unirse. Comparto algunas de mis experiencias, buenas ideas y consejos.

Por lo tanto, le insto a que:

- Acepte consejos, pero no órdenes.
- Utilice la información, pero no deje que nadie ordene su vida.
- Haga lo que sea producto de sus propias conclusiones, no haga lo que diga otra persona.
- Tome lo que dice otra persona, procéselo, piénselo, reflexione sobre ello. Si le hace reflexionar, si le hace pensar, entonces es valioso.

- Actúe, asegurándose de que la acción no se limita a lo que alguien le ha dicho que haga.

- Asegúrese de que la acción es producto de su propia conclusión.

Si sigue algunas de estas sencillas pautas, el proceso de aprendizaje puede ser rápido y poderoso. A continuación, puede aplicar esa sabiduría a su vida, negocio, familia, conversaciones y acciones de todo tipo. Su crecimiento, productividad y alegría de vivir florecerán y progresarán como lo hicieron los míos aquellos primeros cinco años, cuando conocí a un maestro dispuesto a compartir conmigo. Dio un vuelco a mi vida e hice mejoras significativas que agradezco cada día.

NOTA

1.   Véase Hechos 2:14-41 NTV.

2

LAS CINCO PIEZAS DEL ROMPECABEZAS DE LA VIDA

Parte de lo que aprendí entre los 25 y los 30 años de mi maestro, Earl Shoaff, fueron los fundamentos. Unos cuantos fundamentos sencillos que, si se practican todos los días, pueden marcar la diferencia en la forma en que funciona su vida y en cómo todo encaja eficazmente. Lo reduje a cinco piezas que forman parte del rompecabezas de la vida y que encajan entre sí.

UNO: FILOSOFÍA

La filosofía, en mi opinión personal, es el principal factor determinante de cómo funciona su vida. Para formar su filosofía, tiene que pensar, tiene que usar su mente y procesar ideas. Todo este proceso abarca toda una vida, empezando en la niñez, con las escuelas a las que asistía, sus padres y experiencias; todo lo que procesaba su mente le ayudaba a desarrollar su filosofía.

Si alguien me hubiera preguntado a los 25 años: "Sr. Rohn, ¿por qué no le va mejor en la vida a estas alturas? Usted sólo tiene unos cuantos centavos en su bolsillo, los acreedores lo persiguen y no ha cumplido las promesas que le hizo a su familia. Vive en Estados Unidos, tiene 25 años, una hermosa familia, todas las razones para que le vaya bien y, sin embargo, no le va bien. ¿Qué pasa?"

No se me habría ocurrido culpar a mi filosofía, no se me habría ocurrido decir: "Bueno, tengo esta pésima filosofía y por eso sólo tengo unos centavos en el bolsillo y nada me funciona".

Me resultaba mucho más fácil culpar al gobierno y a los altos impuestos. Solía culpar al tráfico, al tiempo, a las circunstancias. Pensaba que mi futuro estaba ligado a lo que los demás disponían, como la economía y los tipos de interés. Solía decir que las cosas costaban demasiado, y esa era toda mi explicación, hasta que mi profesor me enseñó que el problema era mi propia filosofía personal.

Esto es lo apasionante de la filosofía personal de cada persona: es lo que nos diferencia de los animales, los pájaros, las arañas y los caimanes. Nuestra filosofía nos diferencia de todas las demás formas de vida, la capacidad de pensar, de utilizar nuestra mente, de procesar ideas y no sólo operar por instinto.

Puede ordenar todo el proceso de su propia vida por la forma en que piensa ejercitando su mente. Puede procesar ideas y elaborar una mejor filosofía y estrategia para su vida como objetivos para el futuro y planes. Todo esto viene del desarrollo de su filosofía.

Los seres humanos tenemos la capacidad única de pensar, de utilizar la mente, de procesar ideas y no sólo de actuar por instinto.

La filosofía nos ayuda a procesar lo que hay. Una vez que me deshice de todas las excusas y empecé a buscar formas de resolver el verdadero problema, que era yo, mi vida cambió dramáticamente. Mi cuenta bancaria cambió, igual que mis ingresos. Toda mi vida adquirió un aspecto y un color totalmente nuevos, y los primeros resultados que obtuve al hacer estos cambios filosóficos me supieron a gloria.

A partir de ese día nunca detuve el proceso, y con un poco de ajustes en las velas de su barco y refinando su filosofía, la suya también puede empezar a cambiar a partir de hoy. No tiene que espera a mañana ni al mes que viene ni a fin de año. No tiene que esperar, puede empezar todo este proceso inmediatamente, y le recomiendo muchísimo que lo haga.

ERRORES DE JUICIO

Al escribir estas líneas, mi padre tiene 88 años, nunca ha estado enfermo y sigue trabajando. Un día habíamos perforado un nuevo pozo que nos proporcionó agua extra para poder sembrar algunas hectáreas más y estaba entusiasmado. Esa noche, mi padre estaba comiendo lo que él llama su "tentempié de medianoche", un pequeño bocado antes de irse a la cama. Adivinen lo que tenía en el plato. Una manzana, unas galletas y un vaso de zumo de toronja. Le dije: "No me extraña que estés tan sano".

Mi madre nos enseñó buenas prácticas de salud a todos. Nunca he estado enfermo y tengo más de 50 años. Mis dos hijas, de 32 y 33 años, tampoco han estado enfermas nunca, al igual que mis nietos. El legado continúa.

Mientras observaba a mi padre tomar su tentempié de medianoche, de repente se me ocurrió que "una manzana diaria es una costumbre muy sana", como dice el viejo refrán. ¿Y si es cierto? Usted podría pensar: *"Bueno, Sr. Rohn, si eso es cierto, sería fácil mantenerse sano.* Entonces, ¿cuál es el problema? ¿Por qué se come una manzana al día y está sano? Porque es fácil *no* hacerlo. Es fácil no adoptar la costumbre de comerse una manzana al día como filosofía personal.

Es más fácil adoptar lo que dice el tipo de la televisión: "Una barrita de granola al día....". Hay que tener una filosofía más inteligente para no caer en el truco de la barrita de granola al día cuando sabemos que es una *manzana* al día lo que nos mantiene más sanos.

Si comete ese tipo de error de juicio todos los días durante seis años, se acumula hasta convertirse en un desastre monumental. En algún momento del primer año dirá: "Bueno, ahora estoy muy sano. ¿Qué diferencia va a hacer que me

Repetir unas cuantas acciones inteligentes cada día conducen a la salud y la riqueza.

Repetir unos cuantos errores de juicio cada día **conducen al fracaso.**

coma unas barras de granola?" Pero usted debería ser más inteligente. Talvez no pase nada la primera vez que fallamos, pero eso no quiere decir que no vaya a suceder más adelante. Tiene que ser lo suficientemente inteligente como para mirar hacia adelante y pensar: "Los errores en mi filosofía actual, en mi juicio, ¿me van a costar mi buena salud dentro de un año, seis años, un mes, seis meses?".

Puede elegir entre dos fórmulas:

- La fórmula del fracaso es que unos pocos errores de juicio repetidos cada día durante un mes inician la debilidad, inician el proceso del desastre.

- La fórmula del éxito son unas cuantas acciones inteligentes practicadas cada día inician un nuevo proceso para una vida completamente nueva, sana y feliz.

Unas cuantas acciones inteligentes practicadas cada día inician el proceso del cambio en su vida. Si continúa el proceso para mejorar sus hábitos de salud, dinero, comunicación, gestión y todos los demás, sustituyendo cada mal hábito por buenas disciplinas, podrá cosechar los beneficios de inmediato.

Así que esa es la primera de las cinco piezas de la vida: su filosofía.

DOS: ACTITUD

Nos afecta la actitud, cómo nos sentimos respecto al pasado y al futuro. Hay que tener una buena actitud ante el pasado y utilizarlo como una lección que nos enseñe, no como un palo con el que flagelarse por sus caídas, fracasos o pérdidas. La actitud también incluye el cómo se siente con respecto al futuro.

La promesa de un futuro mejor es una fuerza asombrosamente poderosa que afecta su vida cada día. Sin un futuro bien diseñado, damos pasos vacilantes y carecemos de metas, nos portamos de forma tímida, y nos volvemos herméticos, no estamos dispuestos a dirigirnos con valentía y tomar la parte que nos corresponde.

Su actitud refleja lo que siente por la gente. Debería tener una buena actitud hacia los demás porque necesita de ellos para tener una familia, una empresa, una corporación, una comunidad, un estado y una nación sanos. Necesitamos a unos para tener una economía dinámica, a otros para construir iglesias y a muchos otros más para que las posibilidades se conviertan en realidades. Todos los dones que han fluido

Su actitud refleja lo que siente por la gente, tanto lo bueno como lo malo.

en nuestro gran país durante los últimos 250 años no tienen precedentes en la historia. No ha habido nada igual.

Las corrientes étnicas que han llegado con sus dones, talentos, habilidades, inventos y ética de trabajo, todo ello mezclado, ha dado lugar a los Estados Unidos de América. Perderse el valor de todo eso por una actitud retorcida hacia otras personas significa perderse lo que este país representa. Cuando aprecia a todos los ciudadanos, saca provecho de todo lo bueno que se ha mezclado aquí durante 250 años para su valor y beneficio. Piense en lo que puede hacer con todo aquello a lo que tiene acceso cada día en su negocio, en su conversación y en sus recursos. Puede transformar su vida en un grado increíble.

Su actitud también refleja lo que siente por usted mismo. Comprender la autoestima es el principio del progreso.

La autoestima debería ser fácil de lograr, pues si uno de nosotros puede hacerlo, todos podemos. Si alguien puede pensarlo, todos podemos. Si yo puedo leer, usted también, y si puedo entender, usted también. De donde yo vengo, las pocas cosas sencillas que hice e intenté revolucionaron mi vida en cinco años; usted también puede hacerlo. Cambie sus monedas por fortunas, o aire por algo concreto, pase de estar arruinado a ser rico. Si cualquiera de nosotros puede hacerlo, todos podemos. Ese es el valor que debe darse a usted mismo.

TRES: ACTIVIDAD

La tercera pieza del rompecabezas es la parte del trabajo, pasar a la acción y a la actividad es la pieza de la vida que obra milagros. No entendemos muy bien cómo funciona un milagro, pero eso no significa que no vaya a suceder, simplemente significa que no entendemos muy bien cómo ocurre. Los milagros funcionan, soy un seguidor de Dios, pero mi mejor análisis es que, cuando Dios dice: "Si plantas la semilla, yo crearé el árbol", lo creo.

Me gusta ese arreglo; Dios hace la parte difícil del trato. ¿Y si yo tuviera que hacer el árbol? Estaría despierto hasta tarde todas las noches tratando de averiguar cómo hacerlo. Afortunadamente, el misterio y los milagros ya están preparados cuando Dios dice: "Yo proveo los milagros, las estaciones, el sol y la lluvia. He dispuesto todo eso, sólo necesito que alguien plante la semilla". No tiene que frotar un cristal y dormir bajo una pirámide. Olvídese de todo eso. Dese cuenta del milagro de su parte en el proceso.

Los milagros se multiplicarán si utiliza su sabiduría y ejerce una actitud de diciplina en su trabajo.

La actividad se llama disciplina: es convertir la sabiduría de su filosofía y la inspiración, el fortalecimiento de la actitud, la fe y el coraje. Si toma estas dos cualidades -filosofía y actitud- y las invierte en actividades, podrá experimentar un milagro. Todo lo que no sea eso, no es un milagro. La sabiduría sola no realiza un milagro, y la actitud tampoco. Lo que realiza el milagro es hacer una disciplina con la sabiduría y la actitud. Y este trabajo ahora puede realizar un milagro.

El trabajo puede afrontarse de dos maneras: *1) Hacer lo que pueda; 2) Hacerlo lo mejor que pueda*. No puedo darle un mejor consejo que ese. Veamos cada parte.

1. HAGA LO QUE PUEDA.

Para hacer lo que pueda, pregúntese:

- *¿Qué no estoy haciendo que podría cambiar enormemente mi salud y mi riqueza?*

- *¿Qué no estoy haciendo que debería y podría estar haciendo?*

- *¿Qué estoy dejando de hacer que sería fácil de hacer y aumentaría las oportunidades de hacer milagros?*

Responda a esas preguntas según se relacionen usted mismo. No tiene que poner las respuestas en un espectacular, todo esto es sólo para su introspección. Desde dar la vuelta a la manzana hasta qué hacer con su dinero, son aspectos importantes para vivir su mejor año.

Si incluye algunas disciplinas sencillas en su filosofía de vida, experimentará una riqueza inimaginable. Y si incluye la parte de la actividad, la parte de hacer milagros, el milagro se encargará de su parte.

Cuando le entrega un problema a un taumaturgo, ¿qué se inclinaría a decir? "No hay problema". Le animo a que se junte con gente así. Pertenezco a un pequeño grupo así, hacemos negocios por todo el mundo y, cuando les planteo un problema, dicen: "No hay problema". ¿En serio? ¿Cuántos libros leerían para resolverlo? Tantos como haga falta. ¿A qué hora se levantarían para trabajar en el problema? Tan temprano como sea necesario. ¿Cuánta información recopilarían? Toda la que necesiten. ¿Entonces qué? No hay problema que no solucionen. Rodéese d gente así.

Según la Biblia, Jesús hacía milagros. Cuando tuvo que pagar un impuesto, le dijo a su discípulo Pedro que fuera a pescar. Pedro era pescador, así que sabía lo que hacía. Si sabe cómo pescar y podría pescar y aun así no pesca, no habrá milagro. Podría cambiar, debería cambiar, pero cuando no cambia se acumula el desastre. *Podría* y *debería* conducen al desastre, pero si inicia el proceso de cambio -con puedo, debo y hago, iniciará la creación de milagros.

Jesús dijo a Pedro: "Baja al lago y echa un sedal. Abre la boca del primer pez que pesques y encontrarás una gran moneda de plata. Tómala y paga el impuesto por los dos "[1.] Eso es un milagro. Que no entendamos muy bien cómo funciona no significa que no funcione, simplemente significa que no lo entendemos.

En primer lugar, saque esa lista que acaba de escribir sobre lo que podría hacer y aún no ha hecho. Empiece a limpiar todos esos cabos sueltos. Este es el mejor punto de partida para un cambio personal que afectará su cuenta bancaria, su futuro, sus ingresos, y todo lo demás. *No puede empezar un*

Creará un milagro para su vida si:

1) Hace lo que puede, y

2) Hace lo mejor que puede.

proceso de cambio de vida de mejor forma que haciendo lo que debería estar haciendo.

No posponga las cosas como hacen los demás. Haga esa llamada o escriba ese mensaje que lleva días o semanas pensando enviar, termine ese proyecto del trabajo que no deja de posponer, lleve a su pareja y a sus hijos al parque, al zoológico o a donde haya prometido llevarlos. ¿Se está preguntando si *realmente* es tan sencillo? La respuesta es *sí.* No hace falta que caiga un paquete rosa del cielo con una explosión masiva, ni que la mente preconsciente y subconsciente se doble, ni canalizar, ni encontrar a un gurú de 2.000 años de antigüedad. No necesita nada de eso. Simplemente *actúe sobre lo que sabe que puede y debe hacer.*

2. HÁGALO LO MEJOR QUE PUEDA ESTABLECIENDO DISCIPLINAS.

Si hace lo mejor que pueda, establecerá disciplinas en su vida y hará un milagro. Si esa no es su filosofía ahora mismo, le pido que la enmiende. Permítame darle uno de los mejores consejos de una antigua escritura: *Todo lo que tus manos encuentren por hacer, hazlo con todas tus fuerzas. Hazlo con todas tus fuerzas y hazlo con todo tu poder.* ¡Qué buena filosofía! Seguirla revolucionará su vida.

Contrario a esta filosofía, un individuo se presenta tarde en su lugar de trabajo y sale temprano. Alarga su descanso matutino y su almuerzo, y es el primero en llegar a la hora feliz de los bares. La empresa no parece darse cuenta. Les dice a sus colegas: "Según mis cálculos, he trabajado medio día y he cobrado un día entero. Lo he conseguido". No se da cuenta de que está sembrando las semillas de su propio desastre debido a su propia filosofía personal débil y distorsionada.

No es la economía la que determina sus próximos seis años. Es su filosofía sobre el trabajo, la actividad y un milagro a su alcance. Es su filosofía y su actitud y su capacidad de actuar. Todo eso se llama proceso de cambio de vida, obrar milagros. Le animo a que haga lo que pueda y lo mejor que pueda.

CUATRO: RESULTADOS

La cuarta pieza del rompecabezas son sus resultados. De vez en cuando tiene que medir su progreso con respecto a su filosofía, actitud y actividad. Esa medida o evaluación se llama *resultado*.

¿Cuáles son los resultados de sus esfuerzos al final del día, al final de la semana? No deje pasar demasiado tiempo sin comprobarlo, sin evaluar sus progresos. Al principio de nuestra relación de tutoría, el Sr. Shoaff me dijo:

—En los últimos seis años, ¿cuánto dinero ha ahorrado e invertido?.

—Cero.

—Ha metido la pata. ¿Cuántos libros ha leído en los últimos 90 días?.

—Cero.

Aprendí que no ahorrar y no leer no es la forma de salir adelante en la vida. Me quedaba mucho por aprender.

Con toda la sabiduría del mundo disponible, se puede:

• Mejorar la calidad de vida

• Mejorar las perspectivas de su futuro

• Desarrollar cualquier habilidad que necesite

- Obtener los ingresos que desee
- Tener todos los tesoros y los recursos que quiera
- Tener las relaciones que desee con su familia

El Sr. Shoaff dijo:

—Sr. Rohn, en los últimos seis meses, ¿cuántas clases ha tomado para mejorar sus habilidades o para desarrollar nuevas habilidades? ¿Cuántas clases ha tomado para estar más cerca de experimentar el sueño americano, de llegar a ser rico y poderoso y sofisticado y saludable e influyente?

—Cero.

—Ha metido la pata. Y ahora todo lo que tiene que hacer es mirar hacia dentro y dejar que *los resultados* le enseñen mucho sobre tu actividad, actitud y filosofía.

Resultado, ese es el nombre del juego.

Tómese a pecho esta frase: "Resultado, ese es el nombre del juego". ¿Qué otro juego existe? En la vida se nos pide simplemente que hagamos progresos mensurables en un tiempo razonable. Al fin y al cabo, se lo exigimos a nuestros hijos. ¿Cuántos años quiere que pase su hijo en cuarto curso? Uno. Si parece que no lo van a conseguir, vertemos una presión legítima por la falta de resultados.

Del mismo modo, usted mismo debe hacer progresos mensurables en un tiempo razonable. En algunos aspectos de su vida tendrá que comprobar esos progresos cada día, otros al menos al final de cada semana, cada mes, cada primero de enero. Se necesita disciplina para medir periódicamente los progresos.

Los empresarios también esperan que haga progresos cuantificables en un tiempo razonable. Por ejemplo, un vendedor se incorpora a una empresa y se supone que tiene que hacer 10 llamadas la primera semana. Sería legítimo y sensato llamarle el viernes y preguntarle: "John, ¿cuántas llamadas ha hecho esta semana?".

John dice: "Bueno..." y cuenta una larga y triste historia.

Su jefe le dice: "John, no necesito una historia, sino un número. ¿Cuántas llamadas ha hecho esta semana?".

John tenía que hacer 10 llamadas. ¿Y si hizo 20? ¿Y si hizo 1?

¿Qué nos dicen esas cifras sobre la filosofía de John? ¿Nos dicen algo sobre su actitud? ¿Sus disciplinas? Por supuesto que sí. Y si quiere una lección de cambio en la vida, todo lo que tiene que hacer es estar dispuesto a enfrentarse a los números y presentar los resultados. Así podrá celebrar los buenos resultados o arreglar lo que haya que arreglar en sus disciplinas: su filosofía, su actitud y su actividad.

Lo mismo puede decirse de usted. Es útil medir sus resultados o la falta de ellos. Creo en las afirmaciones, que son valiosas siempre que afirme la verdad. Como dicen las escrituras antiguas, la verdad le hará libre. ¿Libre para qué? Para ayudarnos a enmendar nuestros errores y asimilar las disciplinas que conducen a cambios positivos en la vida.

Si empieza por darse cuenta de que ha metido la pata, eso se llama progreso. El primer paso es ver su situación actual como una realidad. No importa qué tan pequeña sea la acción con la que empiece el proceso de mejorar su vida. Cuando inculca una disciplina a la vez, esa disciplina alimentará a otra, y a otra y a otra y pronto descubre que su vida se ve envuelta en todo un ciclo de movimientos positivos. A eso se le llama cambio de vida, de ingresos, de salud, de relación con su familia.

La riqueza de todo tipo -personal, financiera, relacional, física- que puede tener asombrará a la imaginación, si no maldice lo que está disponible y empieza a aceptar lo que es posible para obtener los resultados que desea.

Apueste por las cifras. Por ejemplo, ¿cuántos kilos de sobrepeso debería tener a los 50 años? Ninguno. Sin embargo, John dice: "Tengo los huesos pesados", y está unos 9 kilos por encima de su peso ideal. Debería haber una luz intermitente encendida en casa y en el trabajo para recordarle que se equivocó de número. Ahora ha subido 35, 40 libras. Las luces rojas parpadean en casa y suena una sirena porque sus cifras de colesterol están casi fuera de control. El éxito es un juego de números en todos los ámbitos de la vida.

Le animo encarecidamente a que empiece a comprobar sus cifras. ¿Cuántos libros ha leído en los últimos 90 días? Transforme su vida, vuélvase culto, poderoso, maduro,

El éxito es un juego de números.

saludable, influyente, todo lo que hace que la vida sea agradable. ¿Cuántos libros, cuántas clases, cuán comprometido está a tomar lo que está disponible y convertirlo en riqueza en cada aspecto de su vida? Cuando retome el proceso de generar los mejores resultados, su vida cambiará, elevándole a mejores niveles nunca soñados.

CINCO: ESTILO DE VIDA

El estilo de vida es simplemente aprender a vivir bien, que es la última de las cinco grandes piezas del rompecabezas de la vida. He aquí nuestro último reto. He trabajado muchísimo en esta pieza del rompecabezas desde los 25 años, después de aplicar una mejor filosofía, actitud y actividad, y luego, sumando los resultados, he disfrutado de un estilo de vida poderosamente bueno.

¿Qué hacer con los resultados? Este es el reto definitivo: debe *convertir sus resultados en un estilo de vida*. Tiene que crear lo que llamamos la "buena vida", y ese valor es diferente en cada persona.

Debe tomar sus resultados -su dinero, el rendimiento, los activos que ha reunido- y luego diseñar un estilo de vida como si estuviera tejiendo un tapiz. Su propio tapiz de lo que significa una buena vida para usted.

NOTA

1.   Mateo 17:27 NTV.

3

PROGRESO PERSONAL

Algunas de las cosas que me enseñó el Sr. Shoaff las aprendí rápidamente, otras no tanto. Fijar objetivos fue fácil; hablaremos de ello en otro capítulo. Lo que me costó asumir y con lo que tuve que luchar fue con el desarrollo personal. Me costó abandonar mi lista de culpas de toda la vida, pues era muy cómodo culpar al gobierno, a mis parientes negativos y a la empresa, a la política de la empresa, a los sindicatos, a la escala salarial, a la economía, a los tipos de interés, a los precios, a las circunstancias y a todo eso.

Me costó mucho renunciar a esa lista de excusas, y fue toda una transición poner la culpa donde realmente correspondía: en mí mismo. El Sr. Shoaff empezó diciéndome algo muy, muy importante.

Dijo: "No es lo que ocurre lo que determina la mayor parte de su futuro. Lo que ocurre, nos ocurre a todos. La clave está en lo que hacemos al respecto". Para iniciar el proceso de cambio, haga algo diferente los próximos 90 días, como leer. Haga algo diferente como empezar una nueva disciplina de salud, o una rutina con su familia. No importa lo pequeño que sea el cambio, si empieza a hacer cosas diferentes con las

Lo que tiene ahora mismo es lo que ha atraído por ser el tipo de persona que es.

mismas circunstancias, puede hacer que este sea su mejor año. Muchas veces no podemos cambiar nuestras circunstancias, pero podemos cambiarnos a nosotros mismos para mejorarnos a nosotros mismos y a nuestra familia. Podemos cambiar lo que hacemos y cómo reaccionamos".

Entonces el Sr. Shoaff me dio otro secreto para el éxito: "Lo que tiene en este momento, Sr. Rohn, lo ha atraído por ser el tipo de persona que es". Estos son sólo unos pequeños y sencillos principios que enseñan mucho. Una vez que entiende estos principios, estas estrategias, explican mucho sobre cómo puede vivir su mejor año.

A veces es un poco difícil echarse la culpa a uno mismo en lugar de al mercado, al gobierno o al tiempo. Asumir la responsabilidad en lugar de echársela a alguien o a algo más puede ser desalentador. Esa transición puede ser una misión difícil, y para mi resultó un poco dura.

—Sr. Rohn, usted sólo tiene unos pocos centavos en su bolsillo y los acreedores lo están persiguiendo, además de que no ha cumplido las promesas que le hizo a su familia. Todo eso ocurre porque hasta ahora ha atraído estas situaciones por ser el tipo de persona que es".

—Y ¿cómo puedo cambiar todo eso?».

—Muy sencillo. Si cambia su interior, todo cambiará. No tiene que cambiar lo que está fuera, todo lo que tiene que cambiar es lo que hay dentro. Para tener más, simplemente tiene que convertirse en algo más. No desee que sea más fácil, desee que sea mejor. No desee tener menos problemas, desee tener más habilidades y empiece a trabajar en sí mismo para hacer estos cambios personales; cambiará toda su vida cuando lo haga".

CADA VEZ MEJOR

Así que dediquemos un capítulo a analizar el progreso o desarrollo personal. Es una aventura extraordinaria que empecé a los 25 años y en la que sigo aventurándome, mejorando cada vez más. Quiero que mi oficio mejore, que las operaciones de mi negocio mejoren, y que todo lo que hago mejore.

Cuando comprendí esta sencilla fórmula, fue fácil averiguar dónde estaba el problema y pude ponerme a trabajar para resolverlo.

Cuando hablo de desarrollo personal siempre empiezo por abordar el tema del dinero. El dinero no es el único punto de partida; desde luego, no es el único valor, pero el dinero es fácil de medir. Para ver si puede haber algunos errores en su juicio y falta de disciplina en su vida, podríamos empezar por el dinero, porque es muy fácil de contar. Así que empecemos por ahí y veamos si tal vez hemos metido la pata en algo.

ERRORES DEL MERCADO

Nos pagan por aportar valor al mercado, que es la clave para entender la economía. El mercado también puede describirse como la realidad. Lleva tiempo aportar valor al mercado, pero no nos pagan por ese tiempo. Por lo tanto, es muy importante entender *que no nos pagan por el tiempo*.

Erróneamente, alguien dice: "Gano unos 20 dólares por trabajar una hora". No es verdad. Si eso fuera cierto, podría quedarse en casa y que le enviaran el dinero. No, no le pagan por la hora trabajada, le pagan por el *valor* que le pone usted a esa hora: *le pagan por el valor*. Aquí hay una serie de preguntas clave que debe hacerse:

- ¿Es posible llegar a ser el doble de valioso y ganar el doble de dinero en el mismo lapso de tiempo?

- ¿Es posible llegar a ser tres veces más valioso de lo que soy ahora y ganar tres veces más dinero en el mismo lapso de tiempo?

¿Son posibles esos dos escenarios? Por supuesto. Todo lo que tiene que hacer para ganar más dinero en la misma cantidad de tiempo es simplemente ser más valioso.

En Estados Unidos hay un salario mínimo, pero no un salario máximo. Se puede empezar en lo más bajo de la escala salarial e ir subiendo. Todo el escenario económico de la vida consiste en empezar en el número uno, luego subir al número dos haciéndose más valioso, luego al tres, al cuatro, y así sucesivamente.

Para ganar más dinero en el mismo tiempo, hágase más valioso.

Las cinco personas más ricas de Estados Unidos y sus ingresos en septiembre del 2023 [1] pueden sorprenderle:

1. Elon Musk: 251.000 millones de dólares (Tesla, SpaceX)

2. Jeff Bezos: 161.000 millones de dólares (Amazon)

3. Larry Ellison: 158.000 millones de dólares (Oracle)

4. Warren Buffett: 121.000 millones de dólares (Berkshire Hathaway)

5. Larry Page 114.000 millones de dólares (Google)

Uno de los ejecutivos que más ganaba en Estados Unidos en 2023 era el consejero delegado de Disney, con 31,6 millones de dólares. ¿Pagaría una empresa 31,6 millones de dólares a alguien por un año de trabajo? Sí. Si el consejero delegado ayudara a Disney a ganar 2.350 millones de dólares,[2] ¿pagarían a su consejero delegado 31,6 millones de dólares? Sí. ¿Por qué tanto dinero? Porque se ha vuelto muy valioso.

Bien, ¿por qué algunas personas cobran sólo el salario mínimo por hora? Porque no son tan valiosas para el mercado. Es importante hacer esta distinción: no son tan valiosas para el mercado. Lo más probable es que estas personas sean miembros valiosos de la familia, miembros valiosos de la comunidad y de la iglesia, voluntarios valiosos de una organización benéfica digna... ese tipo de valores. Pero para el mercado, que es otra definición de la realidad, no son tan valiosos, por lo que no se les paga tanto. Son los hechos, así son las cosas.

Entonces, ¿cómo ganan más dinero las personas que cobran el salario mínimo? La respuesta es sencilla: tienen que trabajar más para ser más valiosos.

Alguien puede decir: "Bueno, haré huelga para ganar más dinero", pero hay un gran problema con ese razonamiento y esa actitud. No puede hacerse rico a base de exigir. Otra persona puede decir: "Bueno, estoy esperando un aumento". Yo le diría a esa persona que es más fácil ascender que esperar un aumento. ¿Por qué no hacerse más valioso en lugar de esperar algo que quizá nunca ocurra?

MILAGROS EN EL MERCADO

La clave de todo avance es ser más valioso en el mercado. ¿Por qué pagar a alguien 400 dólares la hora? Porque son valiosos para el mercado. No hay ninguna razón por la que no se pueda ascender en Estados Unidos: millones de personas lo han hecho.

Considere este ejemplo. Si trabaja para McDonald's y recoge la basura, le pagarán el salario mínimo. Si silba mientras saca la basura y hace más de lo que le piden, le pagarán el salario mínimo más un dólar más por hora. Su buena actitud le hace más valioso, por lo tanto, siga haciéndose cada vez más valioso. Haga más de lo que dice la descripción de su trabajo, más de lo que le pide su jefe: la administración se dará cuenta y ascenderá.

Hace cinco años recibí una llamada telefónica y el representante de la empresa me dijo:

—Estamos listos para expandirnos internacionalmente y necesitamos ayuda. Tenemos un proyecto para usted.

Añadiremos algunos millones a su fortuna y haremos que valga la pena.

—De acuerdo— dije. Un poco más tarde pensé: "¿No es interesante que me hayan llamado? Mi siguiente pensamiento fue: "Claro que me han llamado. ¿A quién más iban a llamar? Saben que puedo hacer el trabajo". ¿Por qué recibí esa llamada? Me había convertido en alguien valioso.

SER VALIOSO

Como ya sabrán, soy un granjero de Idaho criado en la pobreza con un solo año de universidad y que cometió todo tipo de errores. Sin embargo, recibo una llamada telefónica que vale millones. ¿Cómo sucedió eso? Cambié. Le di la vuelta a mi vida. ¿Es posible llegar a ser tan valioso? Sí.

"El secreto", dijo el Sr. Shoaff, "es trabajar más en usted mismo que en su trabajo". Después de añadir ese secreto vital a mi filosofía de vida, mi vida dio un vuelco. Me dijo: *Cuando trabaja duro en su trabajo, se gana la vida. Pero cuando trabajas duro en usted mismo, puede hacer una fortuna*. Vaya.

A los 25 años, habrían dicho de mí: "Jim Rohn es un gran trabajador", porque era cierto. Soy el tipo al que no le importaba llegar al trabajo un poco antes y quedarse un poco más tarde, pero probablemente también habrían dicho: "Aunque Jim es muy trabajador, apenas y tiene unos centavos en el bolsillo y no ha cumplido sus promesas". Bueno, eso también era cierto. Yo era muy trabajador, pero trabajaba duro en mi trabajo, no en mí mismo.

Si aprende ese sencillo pero extremadamente significativo principio e inicia el proceso de desarrollo personal para

Esfuércese más en usted mismo que en su trabajo.

hacerse más valioso en el mercado, puede cambiar dinámicamente su bienestar financiero, así como todos los aspectos de su vida personal. Empiece hoy mismo a trabajar más en usted mismo que en su trabajo.

Trabaje duro consigo mismo y desarrolle las habilidades que necesita para triunfar, las gracias que necesita para crear oportunidades y para ser más valioso en el mercado. Su vida cambiará de una forma fenomenal dándole ascensos, valor, conexiones, relaciones beneficiosas y mucho más. Más valioso para la empresa, no hay problema. Dinero, economía, futuro, nada de eso será un problema si trabaja en sí mismo con disciplina y ahínco.

Deje que el milagro de todo lo que está a su disposición trabaje para usted: empiece a trabajar también en usted mismo:

• Mejore su filosofía.

Desarrolle las habilidades y las características que mejoren su valor en el mercado y en casa.

- Cambie su actitud de negativa a positiva.
- Proyecte una personalidad agradable.
- Enriquezca su lenguaje.
- Utilice al máximo su don de comunicación.
- Desarrolle todas sus capacidades y habilidades.

Cuando realice estos cambios personales, su vida será más satisfactoria y agradable de lo que nunca había imaginado.

CUATRO GRANDES LECCIONES DE VIDA

Otro escenario del desarrollo personal son las cuatro grandes lecciones, que se basan en la afirmación de que la *vida y los negocios son como las cuatro estaciones.* Seguir esa afirmación me proporcionó una de las frases clave que me ayudaron a cambiar mi visión de la vida: *no puedo cambiar las estaciones, pero puedo cambiarme a mí mismo.*

A los 25 años, mi mayor esperanza era pasar el día con los dedos cruzados diciendo: "Espero que las cosas cambien, espero que las cosas cambien". Parecía ser la única forma de que mi vida mejorara, si *las cosas* cambiaban. Esto es lo que descubrí, nada cambiará a menos que yo lo haga.

Puedo darle la lección de historia más breve del ser humano sobre la Tierra en una sola frase: oportunidad mezclada con dificultad. Es lo más sencillo que puedo enseñarle. Y la oportunidad mezclada con la dificultad sólo cambiará cuando usted cambies. Cuando lo haga, todo cambiará: su cuenta bancaria, sus ingresos, su futuro, la capacidad de alcanzar sus sueños. Todo cambia si usted cambia.

Usted puede estar pensando, *Bueno, Sr. Rohn, muchas de estas cosas son bastante obvias*. Es cierto, pero mucha gente necesita que alguien como yo venga y se lo recuerde. No tengo nada nuevo que ofrecerle. Todo esto es atemporal, una verdad eterna, y puede que sólo necesite oírla de nuevo para estar lo suficientemente motivado como para hacerlo.

LECCIÓN 1: ENFRÉNTESE A LOS INVIERNOS.

Todos los años, el invierno llega justo después del otoño, según la historia escrita de los últimos miles de años. Cruzar los dedos y decir: "Espero. Ojalá. Espero que llegue" es ingenuo e inútil.

Hay todo tipo de inviernos, no sólo el frío y borrascoso invierno de la temporada. También existe el invierno de bajón, el tiempo desalentador al que un escritor llamó "el invierno del descontento". Hay inviernos en los que no se puede entender la vida, y otros en los que todo parece ir mal. Hay otros económicos, sociales, políticos y personales, y están esos inviernos en los que su corazón se rompe en mil pedazos y las noches son inusualmente largas. Hay miles de inviernos diferentes.

Bárbara Streisand canta: "Solía ser tan natural hablar del para siempre, pero los "para-siempre" ya no cuentan, sólo yacen en el suelo hasta que los barremos. ...Ya no me cantas canciones de amor. Ya no me traes flores". Una canción de invierno. Todos conocemos esos escenarios invernales, porque todos hemos pasado por ellos.

Y ¿Qué hacer con esos inviernos? No puede librarse de enero arrancándolo del calendario, pero esto es lo que *puede* hacer con los próximos inviernos de su vida. Puede hacerse más sabio, más fuerte y mejor. Estas tres palabras son poderosas y trascendentales en su vida: *más sabio, más fuerte y mejor*. Desafíese a usted mismo durante los próximos inviernos de su vida y conviértase en alguien más sabio, más fuerte y mejor.

Más sabio: lea más libros, escuche libros y podcasts, vea documentales educativos. Visite museos y bibliotecas, tome algunas clases en línea o en su colegio comunitario local. Cualquiera que quiera ser más sabio puede lograrlo.

Más fuerte: al igual que hacerse más sabio, cualquiera puede hacerse más fuerte. Si está dispuesto a hacer flexiones, puede fortalecerse físicamente. Si está dispuesto a practicar sus talentos y mejorar sus habilidades, su valor se hará más fuerte. ¿Puede hacerse más fuerte a la hora de afrontar las situaciones de la vida? Por supuesto, pero tiene que trabajar en usted mismo, en sus actitudes, elecciones y perspectivas. No culpe a nada ni a nadie deseando que la vida sea más fácil; más bien, desee ser más fuerte, y luego actúe.

Mejorar: cualquiera puede mejorar: comunicar, aprender, ayudar, trabajar, compartir, ganar, etc. Llevo 33 años dando conferencias, y la primera vez que di una charla, me levanté y mi mente se sentó. Abrí la boca y no salió nada durante un buen rato. Me temblaban las rodillas, me corría el sudor por la cara y me sacudía como una hoja, pero lo superé y volví a hacerlo, y cada vez que hablaba mejoraba aún más. Ahora puedo dar conferencias durante varias horas seguidas. No pierda el tiempo deseando que pasen los inviernos, enfréntese a ellos.

LECCIÓN 2: APROVECHE LA PRIMAVERA.

La primavera siempre sigue al invierno, no dejemos de aprovechar sus oportunidades, no se pierda el proceso de aprovecharlas cuando aparezcan. Aprenda a plantar en primavera, o a mendigar en otoño. Hay una cierta urgencia con respecto a la primavera porque sólo se nos ofrecen un puñado a cada uno, así que aprovéchelas intensamente. No deje pasar ni el tiempo ni la oportunidad.

Aproveche el día, el momento y la oportunidad. Aprovechar lo que está a su alcance es la clave. Elton John canta: "Vivió su vida como una vela al viento". La vida es frágil y breve. Haga lo que haga, hágalo hoy mismo, no deje que las buenas perspectivas y posibilidades pasen de largo sin dedicarles el tiempo suficiente para que crezcan y se conviertan en una floración primaveral.

LECCIÓN 3: EL VERANO ES PARA NUTRIR Y PROTEGER.

Hay dos retos de desarrollo personal durante el verano: 1) volverse lo bastante capaz, poderoso y sabio para alimentar lo bueno, y 2) defenderse de lo malo. Debe aprender a nutrirse y a defenderse. El verano ofrece la posibilidad de cosechar, pero también de devastar. Sin duda, tan pronto como planta su jardín, los bichos y las malas hierbas vienen a intentar arruinar todo su duro trabajo.

Un consejo: los bichos y las malas hierbas vienen con todo tipo de disfraces y devastarán su jardín a menos que lo evite. La mejor forma en la que puedo describir el verano es esta: tiene que nutrir sus valores como una madre y perseguir la amenaza como un padre. Nutra su jardín y acabe con las malas hierbas y los bichos. El verano es una época difícil, una compleja mezcla de positivo y negativo, de oportunidad y amenaza. Un escenario de la vida misma.

Usted tiene tanto oportunidades como amenazas a dichas oportunidades, y debe lidiar con ambas sabiamente. Tiene que solucionar aquello que le amenace, no deje que la mala hierba arruine sus posibilidades de obtener una buena cosecha. Trate con sus enemigos en los veranos del bien y del mal. La gran lucha de la vida se libra entre el bien y el mal, la tiranía y la libertad, la enfermedad y la salud, y así sucesivamente. Así es la vida.

Parte del reto del desarrollo personal consiste en aprender a alimentar todos sus valores, desde un jardín hasta una relación familiar, un matrimonio o un negocio. Sea cual sea su valor, nútralo, aliméntelo, cuídelo y, lo que es igual de importante, defiéndalo. Así son las cosas en verano.

LECCIÓN 4: RECOJA LA COSECHA, SIN QUEJARSE.

Usted es responsable de la abundante cosecha de una temporada de desarrollo personal saludable, así como de una temporada que puede carecer de los frutos esperados. En ambos casos, debe recoger la cosecha sin quejarse. Asuma toda la responsabilidad del resultado, dese cuenta de que no debe criticar la semilla, ni la tierra, ni el sol, ni la lluvia, ni el milagro de la vida, ni las estaciones. Debemos responsabilizarnos personalmente de la cosecha, sea buena o no tan buena. Es su cosecha, su responsabilidad, sin quejas ni excusas.

Uno de los mejores indicios de madurez humana es cuando se da cuenta de que *no se esperan las gracias si lo ha hecho bien, ni las quejas si no lo ha hecho bien*. Esa verdad es el núcleo de la vida, el milagro de las posibilidades con las que tiene que trabajar.

DESARROLLO FÍSICO

Algunos puntos más sobre el progreso y el desarrollo personal incluyen el aspecto físico. Es esencial que *cuide de sí mismo, de su cuerpo físico*. No descuide su bienestar. Como ya he mencionado, mi madre estudió nutrición y nos transmitió su sabiduría a mi padre y a mí, y yo se la transmití a mis hijos y a mis nietos. ¡Qué legado ha sido y sigue siendo! Y ahora se lo transmito a usted: aprenda a cuidarse.

A algunas personas no les va bien en la vida porque no se sienten bien. Tienen los dones y las habilidades, pero no se han cuidado lo suficiente como para aprovechar todo lo que significa tener un cuerpo sano. No tienen vitalidad, y la vitalidad es una parte importante del éxito.

Conozco a un tipo que cría caballos de carreras. Los alimenta mejor que a sí mismo, es muy cuidadoso con lo que comen, y son animales magníficos. Pueden correr como el viento. Pero este tipo apenas puede subir diez escalones antes de quedarse sin aliento porque cuida mucho mejor a sus animales que a sí mismo. Algunas personas alimentan mejor a sus perros que a sus hijos. La nutrición, la alimentación y la dieta son factores muy importantes para mantener una buena salud.

Hay varios aspectos de nuestra parte física. Nuestra *apariencia* forma parte de lo físico, y como habrá escuchado, *nunca tenemos una segunda oportunidad para causar una*

Asegúrese de que su exterior sea un fiel reflejo de lo que ocurre en su interior.

primera impresión. Y este es uno de los mejores consejos sobre la apariencia que puedo darle, que de nuevo proviene de la escritura antigua: "Dios mira en el interior. La gente mira por fuera".[3]

Quizá piense: *"La gente no debería juzgar el aspecto de los demás"*. Pues déjeme decirle que sí lo hacen. No puede pensar en lo que la gente "debería" y "no debería" hacer porque le harán tropezar el resto de su vida. Por supuesto, cuando la gente le conozca, le juzgarán por algo más que lo que ven a simple vista, pero al principio, le criticarán por su exterior. Así que este es el mejor consejo que puedo darle: asegúrese de que el exterior -el aspecto físico- sea un reflejo importante de lo que ocurre en su interior.

Dedique unos minutos al día a estar y sentirse lo mejor posible. Dúchese, péinese, póngase ropa que le quede bien, coma sano y haga ejercicio. Manténgase sano y tendrá el mejor año de su vida, año tras año.

DESARROLLO ESPIRITUAL

Ahora viene la siguiente parte del desarrollo personal, la parte espiritual. Aunque me considero un aficionado en el aspecto espiritual, creo que los seres humanos son *algo más* que una forma de vida avanzada, una especie avanzada del reino animal. Creo que el ser humano es una creación especial.

Esa es sólo mi creencia personal y no le pido que la tome por verdadera, pero esto sí es verdadero: si cree en la espiritualidad de alguna manera, mi mejor consejo es que la estudie y la practique. No descuide sus valores ni sus virtudes, estúdielas a fondo y dedique tiempo al desarrollo espiritual. Alimente su interior como una parte importante de todo su ser. Ése es mi mejor consejo en el aspecto espiritual.

DESARROLLO MENTAL

Tras los aspectos físicos y espirituales del desarrollo del progreso personal está la parte mental, porque el plan de desarrollo personal más completo es desarrollarse también mentalmente. Debemos aprender, estudiar, crecer y cambiar continuamente para mejorar. En eso consiste la educación, y el desarrollo humano lleva tiempo, cantidades increíbles de tiempo.

Por eso es importante dedicar tiempo a leer libros y escuchar a expertos sobre temas variados y, en concreto, sobre temas de su elección. Para que el ser humano dé lo mejor de sí mismo, necesita tiempo, más que cualquier otra forma de vida. Por ejemplo, piense en un ñu recién nacido en África. Adivine cuánto tiempo necesita para correr con la manada y no ser devorado por los leones... tan sólo unos minutos. Al nacer, el pequeño ñu intenta ponerse de pie, pero se cae. Su madre le da un codazo, consigue que se levante de nuevo, pero vuelve a caerse.

Finalmente, con las patitas temblorosas, intenta mamar, pero la madre lo empuja. Se aleja para que no pueda amamantarse y sus acciones transmiten su respuesta innata para salvar a su cría: "Ahora no puedes mamar. Ahora tienes que desarrollar tu fuerza por si vienen los leones". El recién nacido vuelve a caer, se levanta e intenta mamar y la madre lo aparta de nuevo. "No, tienes que fortalecer tus piernas. No tienes mucho tiempo para hacerlo, así que apresúrate a caminar!"

Pero el bebé humano, incluso después de 16 años, no es lo bastante fuerte como para protegerse de los peligros. Nos lleva una cantidad de tiempo increíble en comparación con el ñu, así que tenemos que darnos cuenta de que llevará tiempo el desarrollo personal, espiritual, físico y mental que implica alimentar y nutrir nuestra mente.

Algunas personas leen tan poco que tienen raquitismo mental. No podrían ofrecer un argumento bueno y sólido sobre sus creencias personales ni aunque les diera una hora para hacerlo. Uno de los retos a los que nos enfrentamos los padres es conseguir que nuestros hijos estén preparados para debatir las principales cuestiones de la vida cotidiana, puesto que tienen que estar preparados para debatir y defender lo que es correcto, los valores que les resultan importantes.

Por ejemplo, muchos han debatido durante décadas sobre el comunismo. El comunismo enseña que el capital (las ganancias personales, los recursos) pertenece al Estado, al gobierno, que la gente es demasiado estúpida para saber qué hacer con su capital y que el gobierno omnisciente debe controlar todos los recursos y repartirlos como mejor le parezca. El pueblo sólo debe presentarse dócilmente a sus tareas.

¿Es eso cierto? No, según los más de 300 millones de ciudadanos estadounidenses. Estados Unidos se fundó sobre el principio de que el poder en el gobierno procede directamente del pueblo [4]

Es vital poder definir su filosofía de vida y defenderla. Si no puede defender sus virtudes ni sus valores, caerá fácil y rápidamente presa de ideologías que no le convienen ni a usted ni a su familia ni a su comunidad. Además de aprender y defender lo que es correcto, tenemos que ayudar a nuestros hijos a ser capaces de debatir las principales cuestiones de la vida, las cuestiones políticas, sociales, religiosas, espirituales, nutricionales, económicas y todo lo que sea valioso para construir el mejor tipo de vida.

Cada una de las lecciones, consejos y sugerencias que se comentan en este capítulo están diseñados para ayudarle a progresar y desarrollar todas las partes que le conducen al éxito.

NOTAS

1.   Devin Sean Martin, "The 2023 Forbes 400: The 20 Richest People In America", *Forbes*, 3 de octubre de 2023; https://www.forbes.com/sites/devinseanmartin/2023/10/03/the-2023-forbes-400-the-20-

richest-people-in-america/?sh=3c0982e8571f; consultado el 30 de enero de 2024.

2.   A. Guttmann, "Global net income of the Walt Disney Company 2006-2023," *Statista.com,* 15 de diciembre de 2023; https://www .statista.com/statistics/273556/net-income-of-the-walt-disney -company/#:~:text=The%20Walt%20Disney%20Company%20 generated%20a%20net%20income,U.S.%20dollars%20in%20 the%20fiscal%20year%20of%20202023; consultado el 31 de enero de 2024.

3.   1 Samuel 16:7 NTV.

4.   "¿Cuáles son los principios de la Constitución de Estados Unidos?". *American History,* 5 de junio de 2017; https://worldhistory.us/ american-history/what-are-the-principles-of-the-us-constitution .php; consultado el 3 de febrero de 2024. Este es solo uno de los muchos sitios web informativos que explican los principios de libertad e igualdad sobre los que se fundaron los Estados Unidos de América.

4

UNA BIBLIOTECA LLENA DE RIQUEZA

Para prepararse mentalmente y desarrollar la mejor filosofía para que pueda defender sus virtudes y sus valores, necesita una buena biblioteca, necesita leer libros. No es una estrategia nueva: los hombres y mujeres de éxito tienen el hábito de leer, de aprender, de saber en qué creen.

Earl Shoaff me hizo empezar a crear una biblioteca y uno de los primeros libros que me recomendó fue *Piense y hágase rico*, de Napoleón Hill. Me dijo: "¿No le intriga ese libro y ese título? *Piense y hágase rico*. ¿No siente que es necesario leer ese libro?".

Estuve de acuerdo con él, así que fui y encontré ese libro en una librería de segunda mano. Ahí tuve que empezar, en una librería de segunda mano, donde pagué menos de 50 céntimos por él. Es una de las raras ediciones de tapa dura. *Piense y hágase rico*, de Napoleón Hill. Vaya, Shoaff tenía razón. Y lo recomiendo como uno de los mejores libros para empezar su biblioteca. Le cambiará la vida.

Cualquier casa que valga más de 200.000 dólares tiene una biblioteca. ¿Por qué supone que es así? ¿No le da curiosidad? ¿Qué dice eso de la gente que tiene una mansión? Puede que piense: *"Bueno, yo no puedo permitirme una casa de 200.000 dólares"*. No importa el tamaño de su casa, desocupe un armario o una esquina y conviértalo en su biblioteca, actúe inteligentemente, y comience este proceso de crecimiento como yo lo hice. Empiece a construir una biblioteca.

Su biblioteca revelará que es un estudiante serio:

- Vida
- Salud
- Espiritualidad
- Cultura
- Singularidad
- Sofisticación
- Economía
- Prosperidad
- Productividad
- Finanzas
- Ventas
- Gestión
- Habilidades
- Valores de todo tipo

Que su biblioteca demuestre que es un estudiante serio. No sea un estudiante ocasional ni perezoso.

La información es la clave, aprender es el principio de la riqueza y de la salud. Aprender es el principio de la prosperidad, la democracia y la libertad y aporta valor y virtud. Comience el proceso de aprendizaje y no dude en incluir libros que le enseñen e instruyan hoy y en los años venideros en su biblioteca.

Algunas ideas de *Piense y hágase rico* me inspiraron increíblemente y me ayudaron a cambiar mi vida. También tengo que admitir que incluye un par de cosas raras, pero esas puede dejarlas al margen. De hecho, esa es la clave de todos los libros. No sea un seguidor, sea un estudiante.

Otro libro que recomendó Shoaff y que me ayudó a volverme económicamente independiente fue *El hombre más rico de Babilonia*, de George S. Clason. Lo utilicé durante años como libro de texto para enseñar a los adolescentes cómo ser ricos a los 40 viviendo en Estados Unidos, a los 35 si eran extra

No sea un seguidor, sea un estudiante.

brillantes, y mucho antes si encontraban una oportunidad única. Le digo lo mismo a usted.

Así que le recomiendo que la base de su biblioteca incluya estos dos excelentes libros: *Piense y hágase rico* y *El hombre más rico de Babilonia*.

Los siguientes son algunos de los libros que forman parte de las secciones clave de su biblioteca denominadas "alimento mental" o alimento para el pensamiento. Estos libros nutrirán su mente. Es tan importante alimentar la mente como es de sentido común alimentar el cuerpo.

La alimentación debe ser equilibrada, no se puede vivir de caramelos mentales. Alguien dice: "Bueno, yo sólo leo cosas positivas". Ese pensamiento es como de segundo grado, y hay que pasar de segundo grado. No puede simplemente inspirarse, tiene que aprender sobre varios temas.

Recomiendo leer *Cómo leer un libro*, de Mortimer J. Adler. Adler fue el editor jefe de la Nueva Enciclopedia Británica, un buen conjunto de libros para tener en su biblioteca. He leído muchos de sus libros, entre ellos Las *seis grandes ideas. Cómo leer un libro* no sólo le da excelentes sugerencias sobre cómo sacar el máximo provecho de un libro, sino que también le da técnicas sobre cómo sacar el *máximo* provecho de un libro. Es muy bueno. En su libro también hay una lista de lo que él llama los mejores escritos de la historia, que yo he utilizado como centro de mi biblioteca.

NUTRICIÓN MENTAL EQUILIBRADA

Una biblioteca bien equilibrada es esencial. Lo que sigue es parte de ese equilibrio que recomiendo.

HISTORIA

Todos deberíamos tener un sentido de la historia: Historia americana, nacional, internacional, familiar y política. Todos necesitamos un sentido de la historia, así que conviértase en un buen estudiante. Un gran libro respecto a este tema es: *Las lecciones de la historia*, de los historiadores Will y Ariel Durant. Este breve libro sólo tiene unas 100 páginas, pero le aseguro que está tan bien escrito que le intrigará tanto como a mí. Hay muchos libros excelentes sobre historia: elija algunos para leerlos y colocarlos en su biblioteca.

FILOSOFÍA

Will Durant también escribió un buen libro sobre filosofía, *Historia de la filosofía.*. En él se hace un buen repaso de los filósofos clave de los últimos cientos de años, lo que enseñaron, y algunas de sus vidas. Puede que le resulte un poco difícil, pero oiga, no puede solo leer las cosas fáciles. Frase clave para añadir aquí entre paréntesis (no se limite a las lecturas fáciles). No crecerá, no cambiará, no se desarrollará. Afronte las cosas más difíciles.

NOVELAS

Es bueno tener novelas en la biblioteca. A veces una historia intrigante mantiene nuestra atención para que el autor pueda entretejer la filosofía que intenta transmitir. Ayn Rand fue probablemente la que mejor lo hizo, y *La rebelión de Atlas* es una de sus novelas más importantes. La novela mantiene intrigado al lector, pero ¿adivinen qué hacía ella todo el tiempo? Nos alimentaba con su filosofía. Tanto si está de acuerdo o no con ella, tiene que admitir que era realmente buena exponiéndola, tejiéndola a través de la historia en el diálogo, en los discursos y en el texto. Fabuloso.

Un consejo personal sobre las novelas: sáltese las que sean basura. Alguien dice: "Bueno, a veces puedes encontrar algo valioso en una mala novela". Personalmente, no la leería para encontrarlo. Puede encontrar un mendrugo de pan en el cubo de la basura, pero no metería mi cabeza ahí para encontrarlo. Utilice su tiempo para leer lo brillante, lo bueno, y sáltese la basura. Mi consejo sobre el desarrollo personal es que se convierta en alguien más valioso de lo que ya es.

BIOGRAFÍAS Y AUTOBIOGRAFÍAS

Lea las historias de personas que han tenido éxito y de las que no lo han tenido. Hay cosas dramáticas que le han ocurrido a la gente en los últimos 100 años o más, y muchas de ellas son muy interesantes. Necesita un libro sobre Gandhi y uno sobre Hitler. Uno para ilustrar lo alto que puede llegar un ser humano, y el otro para ilustrar lo bajo y despreciable que puede llegar a serlo. Necesitamos leer sobre ambos lados de los escenarios de la vida para ver el equilibrio.

LA BIBLIA

La Biblia es un libro único, porque contiene historias humanas como buenos ejemplos para nosotros; y otras que sirven como advertencias. Los ejemplos de la Biblia dicen: "Mira la vida de estas personas. Síguelos, sigue su filosofía, sigue sus consejos". Así como: "No hagas lo que hicieron estas personas. Metieron la pata y tiraron su vida por la borda". De vital importancia, ambos lados del escenario. Ahora, si alguna vez la historia de su vida aparece en un libro, asegúrese de que se utiliza como ejemplo, no como advertencia.

CONTABILIDAD

Su biblioteca también necesita tener una visión al menos primaria de la contabilidad. Hay que saber lo básico, sobre todo si se piensa crear una empresa. Los niños tienen que aprender la diferencia entre un débito y un crédito y tienen que saber cómo no gastar más de lo que ganan. Mantener un presupuesto equilibrado es muy recomendable.

LEY

No hace falta ser abogado, pero hay que saber de contratos, qué firmar, qué no firmar y cómo prevenir antes que curar; todo el mundo necesita conocer la ley y cómo nos afecta.

Aprendí esta lección por las malas. Había una empresa quería pedir dinero prestado al banco y el directivo dijo que prestarían el dinero si el Sr. Rohn firmaba personalmente. Yo quería hacerme el héroe y sabía que la empresa podía devolver el cuarto de millón de dólares, así que firmé, sin problemas. Efectivamente, en menos de un año, me lo devolvieron todo. Ahora soy un héroe.

Un año más tarde, la empresa tuvo problemas financieros, volvieron al banco y pidieron un cuarto de millón de dólares otra vez. Pensé, *espero que mi teléfono no suene, porque no voy a firmar la nota esta vez,* porque yo sabía que la empresa estaba en problemas y probablemente iban a quebrar. Mi teléfono nunca sonó y me sentí muy aliviado Efectivamente, en menos de un año, la empresa quebró y no pudo pagar.

Entonces recibí una carta del banco que decía: "Estimado Sr. Rohn, dado que la empresa no puede cumplir con su obligación de pagar el cuarto de millón de dólares, y dado que tenemos aquí su garantía personal, ¿podría enviarnos su cheque por un cuarto de millón de dólares?".

Les respondí que debía haber algún error ya que había firmado el primer pagaré pero no el segundo. Bueno, lo que no sabía era que lo que había firmado originalmente era una garantía continua. Ahora puedo decirles que sé lo que significa la palabra "continua".

Les recomiendo encarecidamente que estudien lo suficiente sobre leyes para que sepan qué firmar y cómo defenderse. Sea un estudiante de varios aspectos de la vida.

ECONOMÍA

Conviértase en un estudiante de economía, le enseña sobre empresas, mercados, gobiernos, bienes y servicios, niveles de vida. Conocer algunos aspectos de la economía le permite comprender y tomar decisiones acertadas sobre la gestión de sus recursos.

CULTURA Y SOFISTICACIÓN

La cultura forma parte del tejido de la nación, es lo que nos diferencia de los perros, los animales y los bárbaros. La cultura y la sofisticación incluyen ser un estudiante de las artes y la música y todo el resto de esos extraordinarios valores humanos en los que todos podemos participar y disfrutar. Ser un estudioso de la cultura, definida como las creencias consuetudinarias, las formas sociales y los rasgos materiales de un grupo racial, religioso o social, incluidos el lenguaje, los rituales y las ideas.

ESPIRITUALIDAD

Estudie la espiritualidad en la Biblia. Hay muchos libros relacionados sobre espiritualidad y, si es creyente, estudie y practique. Que su biblioteca demuestre que es un estudiante serio.

LLEVE UN DIARIO

A continuación, lleve un diario. Earl Shoaff dijo: "Sr. Rohn, no sólo sea un estudiante, sino registre las buenas ideas que desarrolle de los libros. Mantenga un diario separado y anote todo. No confíe en su memoria. Si se toma en serio lo de llegar a ser rico, poderoso, sofisticado y sano, influyente, culto y único, lleve un diario. No confíe en su memoria".

Si escucha algo valioso, escríbalo. Si se encuentra con algo importante, escríbalo. Yo solía tomar notas en trozos de esquinas arrancadas, reversos de sobres, manteles individuales de restaurantes, hojas largas, hojas estrechas, hojas pequeñas y trozos de papel reciclado. Luego descubrí que la mejor forma de apuntar mis notas es llevar un diario, y ahora llevo escribiendo diarios desde los 25 años. Llevar un diario constituye una parte valiosa de mi aprendizaje personal y cada uno de ellos es una parte valiosa de mi biblioteca. Contienen cosas muy buenas.

Intento que los niños compren libros vacíos, y les parece interesante que yo pague 26 dólares por uno de ellos. "¿Por qué haces eso?", preguntan. Pago 26 dólares para sentirme presionado a escribir algo que valga 26 dólares. Todos mis diarios son privados, pero si alguna vez le prestara uno, no tendría que leer mucho para darse cuenta de que lo que está escrito vale más de 26 dólares. Debo admitir que, si echara un vistazo a mis diarios, diría que soy un estudiante serio, no sólo comprometido con mi oficio, sino con la vida, las habilidades y el aprendizaje para ver qué puedo hacer con la semilla, la tierra, el sol, la lluvia, los milagros y las posibilidades que lo convierten en tesoros de la vida, las relaciones familiares, la gestión de ventas de empresas, los regalos en abundancia y todo lo que quiero. Todo lo que está disponible, especialmente en Estados Unidos.

Le pido que lleve un diario, yo los llamaría uno de los tres tesoros que hay que dejar como herencia.

TRES TESOROS QUE DEBERÍAMOS HEREDAR

1. FOTOS

Tome muchas fotos. Es increíble echar la vista atrás dos o tres generaciones y ver un puñado de fotografías que cuentan la historia de la vida en épocas anteriores. ¿No sería maravilloso tener un álbum tras otro, miles de fotos que le ayuden a contar su historia? Al fin y al cabo, todo el mundo sabe que una imagen vale más que mil palabras. No sea perezoso a la hora de capturar momentos. ¿Cuánto tiempo se tarda en captar un acontecimiento, una actividad? Una fracción de segundo. ¿Cuánto se tarda en perderse el acontecimiento?

Una fracción de segundo. No cometa errores de juicio o disciplina. Por ejemplo, fui a Taipéi, Taiwán, para un seminario de fin de semana en el Grand Hotel. Había unos 1.000 estudiantes entre mi público. ¿Adivine cuántos compraron cámaras? Unos 1.000. Todos trajeron sus cámaras para capturar su estancia en el seminario porque no querían perderse el evento. Cuando se vaya, deje atrás el tesoro de su vida tanto en imágenes como en palabras.

2. SU BIBLIOTECA

La biblioteca es sin duda un tesoro. La biblioteca que recopiló, que le enseñó e instruyó, que le ayudó a defender sus ideales y a desarrollar una filosofía, los libros que le inspiraron a hacerse rico y poderoso y sano y sofisticado y único. La biblioteca que le ayudó a vencer alguna enfermedad, a salir de la pobreza, que le hizo alejarte del gueto. Los libros que alimentaron su mente y su alma. Deje su biblioteca como herencia para que otros la disfruten y aprendan de ella. Uno de los mayores regalos que puede dejar es su biblioteca: piedras preciosas para ser admiradas por generaciones venideras.

3. SUS DIARIOS

Sus diarios contienen las ideas que recogió a lo largo del camino de la vida. Dondequiera que encontrara una ocasión para recoger algo valioso y lo pusiera ahí para poder volver sobre ello una y otra vez hasta que resonara la sabiduría que necesitaba. La repetición es la madre de la habilidad. Léalo una vez más, apréndalo una vez más. Compruebe si puede digerirlo una vez más. Deje que las ideas le enseñen de nuevo, que lo que grabó le enseñe e inspire una vez más.

Las palabras inspiran, como la letra de una canción. Si escucha una canción preciosa que le emociona, no dice: "Bueno, ya está bien. No necesito oírla otra vez". No, ¿no querría oírla otra vez? ¿Y otra vez? Deje que le instruya, que le alimente y enseñe y que le lleve en alas de viajes emocionales. ¿No querría volver a hacerlo? La respuesta indudable es sí.

Sus diarios son importantes, todo lo que se tomó el meticuloso tiempo de reunir es una de las mayores pruebas de que es un estudiante serio. Tomar fotos, eso es bastante fácil. Comprar un libro en una librería, eso es bastante fácil. Pero es un poco más difícil estudiar a fondo su propia vida, su propio futuro y destino. Sea lo suficientemente dedicado como para tomarse el tiempo de escribir las notas y llevar el diario. Se alegrará de haberlo hecho. ¿Qué tesoro dejará atrás cuando se vaya? Sus diarios. Yo no viviría sin el mío.

ESTACIONES DE LA VIDA

Estoy en Carmel, California, uno de mis lugares favoritos y donde escribí mi primer libro, *Las estaciones de la vida*. Fui a esta pequeña iglesia de tal vez 150 personas un domingo por la mañana, y me tocó un sermón clásico, uno de los mejores que he escuchado en toda mi vida. Sucedió que tenía mi diario conmigo y durante el sermón pude tomar nota. Fue único y poderoso, y lo dejé todo plasmado

Adivine cuántas personas más estaban tomando notas. Aproximadamente, ¿cuántos cree? Por lo que pude ver, yo era el único que estaba tomando notas de este sermón clásico. Como era un desconocido y además estaba tomando notas, la gente me miraba y lo más probable es que pensara:

¿Quién es y qué está haciendo? Empecé a sentirme un poco incómodo, pero seguí escribiendo. Ahora me sentía como un espía.

Pude oír a alguien decir: "Está tomando nota de todo lo importante", y lo hice. Tomé lo más importante y, como lo escribí todo, todavía tengo el material al que me remito siempre que quiero.

Le pido que no sea menos sincero ni menos comprometido con el avance de su filosofía. Hable de vivir su mejor año este año, y luego prepárese para el próximo, su próximo mejor año, y luego cada año será el mejor, año tras año. Si se compromete con algunas de estas sencillas cosas mencionadas en este capítulo, se sorprenderá.

Empiece por dar una vuelta a la manzana y refinar su filosofía. Empiece con la enseñanza de su propia mente fabulosa, donde están todas las respuestas, allí, dentro de los confines de su propia mente. Lea los libros, tenga conversaciones personales, escuche los sermones, escuche las letras de las canciones, déjese intrigar por el diálogo de una película. Deje que las palabras agiten su corazón y encuentre formas de captar e incorporar lo mejor de su búsqueda de desarrollo personal.

Todo esto cambió mi vida. Me volvió de todo, menos flojo. Nunca he sido el mismo desde que mi mentor me dio estas sencillas instrucciones sobre el crecimiento, la productividad y la felicidad.

- Cómo pasar de donde estaba a donde quería ir.
- Cómo pasar de lo que era a lo que quería llegar a ser.
- Cómo pasar de los céntimos al tesoro.
- Cómo pasar de la nada a la fortuna.

Usted también puede aprender todo eso. Está todo dentro de las páginas de este libro que estoy compartiendo, instruyéndolo de la mejor manera que puedo. Las palabras no se me dan muy bien cuando intento describir lo que pasa por mi cabeza, mi experiencia y mi corazón, pero hago lo que puedo y me entusiasma. Hoy se está convirtiendo en un buen estudiante, y mañana verá los resultados de sus esfuerzos.

5

SUS CINCO MEJORES HABILIDADES

Le animo a desarrollar las cinco habilidades citadas en este capítulo como parte de su búsqueda de desarrollo personal.

CINCO HABILIDADES CRUCIALES: ABSORBER, REFLEXIONAR, RESPONDER, ACTUAR, COMPARTIR

1. DESARROLLAR LA CAPACIDAD DE ABSORCIÓN.

Le animo a que se empape de oportunidades para mejorar su vida como lo está haciendo ahora mismo, leyendo este libro. Sea como una esponja, no se pierda de nada; y no me refiero sólo a las palabras de la página; me refiero a que no se pierda la atmósfera, el color, el escenario de lo que ocurre a su alrededor en cada momento. La mayoría de la gente se limita a

Esté donde esté,
esté presente

intentar pasar el día, pero yo quiero que se comprometa a aprender algo nuevo cada día. No se limite simplemente a pasar el día, aprovéchelo, aprenda de él, deje que cada día le enseñe. Únase a la universidad de la vida porque marcará una enorme diferencia en su futuro. Comprométase a aprender, a absorber la vida como si fuera una esponja.

Tengo un amigo personal que está muy preparado en esta área. Creo que ha absorbido y recuerda todo lo que le ha pasado y puede decir dónde estaba cuando era adolescente, lo que hizo y lo que dijo, lo que los demás contestaron y cómo se sentían, el color del cielo y lo que estaba pasando ese día. Lo absorbe todo. De hecho, es más emocionante que le cuente su viaje a Acapulco que ir usted mismo. Tiene un don extraordinario, no importa dónde esté, no se pierde nada. He aquí una buena frase para que la subraye y/o escriba en su diario: *Esté donde esté, esté presente.*

Este ahí al cien por ciento, para absorberlo todo. Tome una foto si puede, y haga fotos en su mente. Deje que s alma y su corazón tomen fotos, tómelo, captúrelo, absórbalo. Es una capacidad muy importante que hay que desarrollar: la capacidad de captarlo. No se lo pierda, que su estar en el momento no sea simplemente casual. Frase clave: *la despreocupación conduce a la despreocupación*.

2. APRENDER A RESPONDER.

La capacidad de responder significa dejar que la vida le toque. No deje que le mate, pero deje que le toque, que las cosas tristes le pongan triste y las cosas felices le hagan feliz. Déjate llevar por la emoción. Deja que la emoción te golpee. No sólo las palabras, no sólo la imagen. Deja que te golpeen los sentimientos. Deja que las emociones te golpeen. Esto es lo importante. Nuestras emociones necesitan ser tan educadas como nuestro intelecto. Es importante saber cómo sentir. Es importante saber responder. Es importante dejar entrar la vida, dejar que te toque.

Soy la mejor compañía para ir al cine. Realmente me involucro en la trama; rio, lloro, me emociono, me encanta que las películas me toquen el corazón y el cerebro. No me gusta salir y sentir que no cambió nada en mí.

Una vez vi un anuncio en el periódico en Australia: "¡Vea Doctor Zhivago en la gran pantalla!". *Dios mío, tengo que ir a verla en pantalla grande*, pensé inmediatamente. Había visto la película dos o tres veces, pero no en pantalla grande. Me encantan los cines antiguos: los balcones, las lámparas de araña, las cortinas y la pantalla gigante, así que fui una vez más a ver Doctor Zhivago. Y, efectivamente, la historia de la Revolución Rusa, Doctor Zhivago y todo ese escenario me

Nuestras emociones necesitan ser educadas al igual que nuestro intelecto.

cautivaron de nuevo. Siempre había pasado por alto la importancia del final de esa película, hasta esta vez. Las otras veces me lo perdí, pero esta vez lo entendí.

Cuando el camarada general la encontró, le dijo: "Tanya, ¿cómo fue que te perdiste?".

Y ella dijo: "Bueno, ya estaba perdida".

Me dijo: "No, ¿ cómo fue que te perdiste?".

Ella dijo: "Bueno, la ciudad estaba en llamas cuando corríamos para escapar, y me perdí".

Él dijo: «No, ¿ cómo fue que te perdiste?" Esa era la parte que ella no quería decir. Finalmente la presionó de nuevo, "¿ cómo fue que te perdiste?"

Y ella dijo: "Bueno, mientras corríamos por la ciudad mientras todo estaba envuelto en llamas, mi padre me soltó la mano y me perdí". Eso es lo que ella no quería decir.

El camarada general dijo: "Tanya, eso es lo que he estado tratando de decirte. Komarovsky no era tu verdadero padre. no lo era. Te he estado buscando por todas partes y creo que finalmente te he encontrado. Este hombre, mi pariente, el Dr. Zhivago, el poeta, ese era tu padre. Tanya, si este hombre, tu verdadero padre hubiera estado allí, te prometo que nunca te habría soltado la mano".

Y esa vez sí lo entendí. Las otras veces estaba comiendo palomitas esperando a que terminara la película, sin embargo, ahora sí había entendido. Se lo pido encarecidamente, absorba la vida y responda a ella.

3. DESARROLLANDO LA CAPACIDAD DE REFLEXIÓN.

"Reflexionar" significa volver atrás, estudiarlo de nuevo. Le animo a que reflexione sobre su día todas las noches. ¿A quién ha visto, qué le han dicho, qué ha pasado? ¿Cómo se ha sentido? ¿Qué sucedió? Cuando reflexiona, captura ese día. Cada día es una pieza del mosaico de su vida. Uno: No trate sus días con indiferencia. Dos: Saque todo lo que pueda de cada día. Tres: Reflexione, repase el día para que quede grabado en su mente: la experiencia, el conocimiento, las imágenes, los sonidos, el panorama, la imagen en color del día. Guárdelo para que le sirva en el futuro, para tener ese día, para no perdérselo.

Tómese también unas horas al final de la semana para reflexionar sobre los días transcurridos. Repase su calendario, su agenda. ¿Adónde fue, a quién vio, qué sintió y qué pasó? Capte esa semana en su mente. Una semana es mucho tiempo.

A continuación, tómese medio día al final de cada mes, llámelo tiempo de reflexión, y vuelva a hacer lo mismo. Repase lo que ha leído, lo que ha oído y lo que ha visto. Repase los sentimientos: capture esos momentos para que le sirvan más adelante.

Y luego, reserve un fin de semana al final del año para establecer ese año firmemente en su conciencia, en su banco de experiencias, para que lo tenga y nunca desaparezca.

Esta es una buena habilidad a desarrollar, la habilidad de reflexionar, revisar y recordar. Es tan valioso poder recordar el pensamiento, la idea, la experiencia, la ocasión, el día, el tiempo, la emoción, la complejidad, los altos, los bajos. Ese final del día es muy valioso. Fíjelo, fije esa semana, mes y año. Escribir un diario le ayudará en ese proceso.

También hay algo muy agradable respecto la soledad cuando reflexionamos. A veces puede que reflexionemos con alguien, como un marido y su mujer que reflexionan sobre el año pasado o los padres que reflexionan con sus hijos sobre el año anterior. ¿Qué tal nos ha ido? ¿Qué hemos hecho y dejado de hacer? ¿Y cómo podríamos mejorar? Los compañeros pueden reflexionar entre ellos, pero también hay que aprender a reflexionar con uno mismo. Esa sensación de soledad es agradable, se siente reconfortante aislarse del mundo y todos su bullicio durante un rato.

¿Cómo reflexiono en soledad? Tengo una autocaravana y, con mi moto a cuestas, me dirijo a las montañas y recorro las rutas en jeep. Hay muy pocos seres humanos en esas rutas. En otras ocasiones viajo a algún lugar del desierto. Es mi momento de evasión. Llevo una vida muy pública, así que valoro la soledad, la oportunidad de reflexionar a solas, de repasar mi vida, mis habilidades y mis experiencias a solas. Hay cosas que necesita hacer a solas, como reflexionar, pensar, preguntarse, leer, estudiar, absorber, empaparse. Intente reflexionar mejor este año que el anterior y busque la soledad.

Una forma aún más cercana de quedarse a solas para reflexionar es ir a un armario (dormitorio, estudio, cuarto de baño, donde sea) para dedicar un tiempo a la meditación, a la oración. Cuando entre en su espacio, cierre la puerta para dejar fuera todo lo que no sea aquello sobre lo que quiere reflexionar. La vida está tan llena de experiencias: tocar, ver, mirar, hacer, actuar, hablar, escuchar y un largo etcétera. Pero, a veces, necesitamos cerrar la puerta y simplemente preguntarnos, rezar, contemplar, pensar y dejar que las cosas

Es importante reflexionar para que el pasado sea más valioso y le sirva para el futuro.

se muevan en nuestra conciencia, y esta es la única forma de hacerlo.

Resulta muy difícil pensar o meditar mientras manejamos a toda velocidad por la autopista. Hay tantas cosas que hacer que es difícil lograr un momento de reflexión, sin embargo esos momentos son sumamente valiosos. Aprenda a reflexionar. Es importante, para que el pasado sea más valioso y le sirva para el futuro.

Lo realmente poderoso es aprender a recoger el pasado e invertirlo en el futuro, recoger el presente e invertirlo en el mañana. Recoja esta semana e inviértala en la siguiente; recoja este año e inviértalo en el siguiente. Esta verdad es muy poderosa. En lugar de aguantar un año más esperando qué nos va a deparar, aprenda, estudie, reflexione, actúe.

Esto forma parte de la búsqueda del desarrollo personal, de llegar a ser mejor y más valioso de lo que uno es, no sólo en términos económicos, también en términos de maternidad y paternidad, para ser mejor hermano o colega, y hacer una mejor contribución a la familia, a la sociedad, a la comunidad, a la iglesia, al cargo, al compromiso, a la asociación.

Trabaje en usted mismo y así aportará más valor a la pareja, al matrimonio, a la franquicia, a la corporación, a la empresa, a la comunidad y a la nación. El autodesarrollo personal es la mejor contribución que puede hacerle a los demás. No el autosacrificio, porque ese sólo genera desprecio. El autodesarrollo se gana el respeto. Compadézcase de la madre que dice: "Voy a dar mi vida por mis hijos".

El autosacrificio no es noble, pero la auto-inversión desde el autodesarrollo sí lo es. Si trabajo en mí mismo y me vuelvo más valioso, piense cómo ayudará eso a mis amistades. Solía usar la vieja expresión: "Tú cuida de mí y yo cuidaré de ti", pero

Recoja el pasado e inviértalo en el futuro.

me di cuenta de lo superficial y corta que era, y la cambié por ésta: "Yo cuidaré de mí para ti, si tú por favor cuidas de ti, para mí». Y esto forma parte del desarrollo personal, que trabajemos más en nosotros mismos que en nuestro trabajo, en beneficio nuestro y de los demás.

Ahora, llevemos esa actitud a la amistad, a nuestro matrimonio y a nuestras relaciones familiares como padre o madre, y desarrollamos la fuerza y el poder que necesitamos para sobresalir en todas las áreas. Este escenario de disciplinas y las habilidades para adquirir esos dones y destrezas se suman a nuestro valor, de modo que aportamos más a cada experiencia. Aportamos más a la semana siguiente, al mes siguiente, al año siguiente, y si sigue esta disciplina -absorber,

SUS CINCO MEJORES HABILIDADES

responder y reflexionar- su vida cobrará más sentido para usted y para los demás.

Cuando mi padre estaba a punto de cumplir 76 años le dije: "Querido padre mío, ¿te imaginas lo que va a ser reunir los últimos 75 años de tu vida e invertirlos en tu 76° año?". Qué diferencia de filosofía: en lugar de aguantar un año más, reunir los 75 e invertirlos en el siguiente. Reúna los últimos 6 años e inviértalos en el siguiente, eso es algo muy poderoso.

Así que, considere esto: Primero, la capacidad de absorber. Segundo, la capacidad de responder. Tercero, la capacidad de reflexionar.

4. DESARROLLAR LA CAPACIDAD DE ACTUAR.

Actúe. Sin precipitarse, si no es necesario, pero sin perder mucho tiempo. El momento de actuar es cuando la idea está fresca y la emoción es intensa, ese es el momento de actuar. Usted dice: "Sr. Rohn, me gustaría tener una biblioteca como la suya". Mi respuesta: "Si usted tiene ese sentimiento, vaya y consiga su primer libro, y luego el segundo. Vaya antes de que se le pase el sentimiento y se le oscurezca la idea. Actúe pronto, inmediatamente, y cuanto antes".

Si no pasa a la acción de inmediato ocurre lo que llamamos la "ley de la intención decreciente". Tenemos la intención de pasar a la acción cuando nos asalta la idea, tenemos la intención de actuar cuando la emoción es intensa, pero si no lo traducimos rápidamente en acción la intención empieza a disminuir, disminuir y disminuir. Y dentro de un mes, la idea se enfría, y dentro de un año se habrá perdido. Así que actúe lo antes posible sobre cada idea, establezca una disciplina. Cuando las emociones son intensas y la idea es fuerte, clara y poderosa, ese es el momento de establecer la disciplina para actuar, seguir adelante y dar el siguiente paso.

Si alguien habla de buena salud y eso le conmueve, diga: "Tengo que conseguir un libro sobre nutrición y leerlo". Consiga el libro antes de que se le pase la idea y se enfríe la emoción. Vaya por el libro, ponga en marcha la biblioteca, inicie el proceso, tírese al suelo, haga flexiones. Debe pasar a la acción, de lo contrario, la sabiduría se desperdicia, la emoción pasa pronto a menos que la plasme en una actividad disciplinada. Captúrela. La disciplina es cómo capturar la emoción y la sabiduría y traducirlas en realidad.

¿Qué importancia tienen las disciplinas? Todas las disciplinas se afectan mutuamente. De hecho, he aquí una buena frase filosófica: *Todo afecta a todo lo demás. Nada es independiente.* No sea ingenuo al pensar: "Bueno, esto no

Todo importa.

importa". Le digo que todo importa. Hay cosas que importan más que otras, pero no hay nada que no importe. Cada decepción afecta al resto de su actuación, y esta es una parte importante del proceso educativo cuando se trabaja en el desarrollo personal.

Si no da la vuelta a la manzana, probablemente no comerá una manzana al día. Si no come esa manzana al día, probablemente no construirá su biblioteca. Si no construye su biblioteca, probablemente no llevará un diario, y no tomará fotos, y entonces no hará cosas sabias con su dinero, su tiempo, y sus posibilidades y relaciones. Y lo primero en lo que pensará es que se han acumulado seis años, y ha metido la pata. Así que la clave para revertir ese proceso es empezar a retomar estas disciplinas: hacer ejercicio, comer sano, aprender, etc.

He aquí el lado positivo: cada disciplina nueva y beneficiosa afecta al resto de sus disciplinas, por eso la acción es tan importante. Incluso la acción más pequeña e insignificante importa, así que hágala. Cuando empiece a ver los logros y el valor que le devuelve esa única acción, se sentirá inspirado para hacer la siguiente, y la siguiente, y la siguiente.

Cuando empiece a dar vueltas a la manzana, se sentirás inspirado para comerse una manzana, y si se come la manzana se sentirá inspirado para leer un libro. Si lee un libro se sentirá inspirado para escribir un diario, y si escribe un diario se sentirá inspirado para crecer, desarrollar habilidades y ser productivo. Todas las disciplinas se afectan mutuamente, y todas conducen a un estilo de vida feliz. Cada carencia afecta al resto, todo lo nuevo afecta al resto. La clave está en disminuir la carencia y establecer lo nuevo: entonces habrás iniciado todo un nuevo proceso vital.

El mayor valor de la disciplina es la autoestima.

Una reflexión más sobre la disciplina. El mayor valor de la disciplina es la autoestima. Hoy en día, otros enseñan autoestima, pero no la relacionan con la disciplina. Creo que la menor falta de disciplina empieza a erosionar nuestra filosofía, nuestras normas e incluso nuestra ética. Una de las mayores tentaciones es aflojar un poco en lo que respecta a sus valores, integridad y honestidad, pero incluso la más mínima falta de dar lo mejor de usted mismo erosionará sus normas. En lugar de hacerlo lo mejor posible, puede parecer que está bien hacerlo no tan bien.

Se dice a sí mismo: "Bueno, no me hará daño aflojar un poco, sólo afectará un poco mi venta». No, va a afectar su conciencia y su filosofía. Ahora ha empezado a afectar su propia filosofía, y no en el buen sentido. El problema con la menor negligencia, no hacer lo mejor que pueda, es que actúa como una infección. Si no te deshaces de ella se convierte en una enfermedad; y una negligencia lleva a otra.

Si se encuentra en un estado enfermizo y su autoestima, autoconfianza y autovaloración han disminuido, todo lo que tiene que hacer para volver al buen camino es empezar a hacer la disciplina más pequeña que corresponda a su filosofía, como debería, y podría, y lo haré. Diga: "Ya no dejaré que la negligencia se me acumule para tener que lamentarme dentro de seis años, dando alguna excusa en lugar de celebrar mis progresos". Vuelva a dar la vuelta a la manzana, vuelva a comerse esa manzana, lo que sea que necesite hacer para dar lo mejor de usted mismo.

Involucremos a los niños en la menor de las disciplinas. Añadamos una más, y luego otra más, y luego otra más, y pronto estaremos tejiendo el tapiz de una vida disciplinada en la que podremos verter más sabiduría, actitud positiva, fuerza, fe y valor. Ahora esos chicos tendrán algo sobre lo que podrán construir.

Y cuando haga lo mismo por usted, el éxito, el crecimiento, la productividad y la alegría fluirán. El pronto retorno le entusiasmará tanto que se comprometerá con esta estrategia para el resto de su vida y nunca volverá a las viejas costumbres. Únase a un nuevo grupo, tiene la disciplina para hacerlo, para pasar a la acción y vivir su mejor vida.

Anteriormente en este libro, recomendé la lectura de *El hombre más rico de Babilonia*. He dado conferencias a más de 3 millones de personas en los últimos 33 años, y he recomendado este pequeño libro a casi todos ellos. Adivine cuántos realmente compraron este pequeño libro y lo leyeron. ¿La respuesta? Muy pocos. Yo diría que un 10%. Sin embargo, era un muy buen consejo: Número uno, es fácil de

Aproveche cualquier oportunidad, por pequeña que parezca.

encontrar. Número dos, es fácil de comprar. Y número tres, es fácil de leer. Está en forma de historia, por eso lo uso para adolescentes. Así que, si es fácil de encontrar, fácil de comprar y fácil de leer, ¿por qué no querría todo el mundo seguir mis consejos? Nadie lo sabe. Solo sabemos que un 10 por ciento lo hace y alrededor del 90 por ciento no lo hace o no lo hará, y eso es un misterio.

Yo puedo afirmarle que dentro de 10 años, esas cifras seguirán siendo las mismas. Los números no cambian, sólo cambian las caras. Yo solía pertenecer al 90% que no se molestaba en hacerlo, aunque fuera fácil.

¿Tiene acceso a una biblioteca? Las bibliotecas ponen a su disposición la sabiduría del mundo; puede transformar su vida en la cantidad de valores que quiera aprovechando la lectura de libros que puede leer de forma gratuita. Es posible transformar su vida espiritual, social, personal, económica y en todos los sentidos. Puede aprender a ser rico, poderoso, sofisticado, saludable e influyente. No necesitas un amuleto de la buena suerte ni una pata de conejo ni afirmaciones multipista. La afirmación sin disciplina es el principio del engaño.

No deje que nadie le arrastre por un camino contrario al de la propia naturaleza. La naturaleza dice que debe trabajar para recibir la cosecha después del milagro de la semilla, la tierra, las estaciones, el sol, la lluvia y Dios. Todo eso sólo está disponible mediante el trabajo, así que trabaje bien, aprenda bien y sea disciplinado, y podrá tener todos los tesoros que quiera. No tiene que mudarse a Sedona, Arizona, donde todos los campos de fuerza energética se juntan.

Enseñemos a nuestros hijos formas sencillas de transformar su salud, como número uno. Su economía, número dos;

La afirmación sin disciplina **es el principio del engaño.**

su capacidad de comunicación, número tres; su vida, tesoro y estilo de vida, número cuatro; espiritualidad, número cinco. Y la lista sigue y sigue. No dejemos de lado ninguna de las mínimas disciplinas que animan a hacer la siguiente, la siguiente y la siguiente.

Lo primero que debe saber es que todo este hermoso escenario de vida está girando hacia usted. Es tan sencillo como dar el primer paso, comprometerse con el cambio de vida, y una vez que comience este viaje por este camino, le prometo que recogerá una gran cosecha temporada tras temporada.

Más adelante hablaremos de la independencia financiera, pero ahora mismo, ¿adivine cuántas personas pueden jubilarse con los ingresos de sus propios recursos personales? ¿La respuesta? Alrededor del 5%. En el país más independiente del mundo, el 95 por ciento son dependientes, y el 5

¡Hágase cargo!

por ciento son independientes. Tome las riendas de su propia jubilación. Si se hace cargo de ella través del desarrollo personal y de todas las habilidades sobre las que ha estado leyendo (además de la independencia financiera que veremos en otro capítulo), podrá multiplicarla al menos por 5, quizá por 10, quizá por 20, quizá por 100. En cambio, si deja que el gobierno o alguna empresa se encargue de ello, tendrá que *dividirla* entre 5.

Tome las riendas de su vida, de su día, de su propia conversación. Hágase cargo de su familia y de sus posibilidades, aprenda estas habilidades, desarrolle este tipo de estrategias, y la vida brillará frente a usted.

No hable como esas personas que culpan a los demás de su posición en la vida. Écheles una mano, pero no caiga en su pobre escenario filosófico. No culpe lo que ellos culpan y no use las excusas que ellos usan. A eso se le llama el lenguaje de los pobres. Cambie de marcha, de lenguaje, de ideas y de estrategia. Empiece por la más sencilla de las disciplinas y no demerite ninguna de ellas, porque hasta la más pequeña inicia el proceso de cambio de vida. Y si invierte en disciplina, puede tener lo que desee. Se llama el principio de un milagro.

Desarrolle estas capacidades de fortaleza: absorber; responder; reflexionar; actuar; compartir.

5. DESARROLLAR LA CAPACIDAD DE COMPARTIR.

Desarrolle la capacidad de transmitir a otra persona lo que ya le ha beneficiado a usted. Si hoy ha captado una buena idea leyendo este libro, transmítala. No deje que se marchite. pásela. Si ha leído un buen libro, compártalo. Di: "He leído un libro que me ha ayudado mucho, me ha hecho pensar". O: "Leí un libro que me ayudó a mejorar mi salud". "Leí un libro que me inspiró". Páselo, comparta con los demás su buena suerte.

Y esto es lo emocionante de compartir: si lo comparte con 10 personas diferentes, ellas lo oirán una vez y usted lo volverá a escuchar 10 veces, así que probablemente hará más por usted que por ellos. Y como se suele decir: "todo el mundo gana". Cuando comparte, todos ganan.

Comparta sus ideas, sus experiencias, sus conocimientos... puede disfrutarlo tanto como yo. Yo digo que presentar seminarios es una de las alegrías de mi vida. invierto lo mejor que tengo en palabras, espíritu, corazón, alma, tiempo y energía.

A estas alturas de mi vida, no tengo que trabajar tanto -viajar, dar seminarios, escribir libros-, pero lo hago con gusto. ¿Por qué? Quiero recibir algo a cambio. Quiero que las personas me digan: "Sus palabras tocaron mi vida". Eso tiene peso y valor, no se puede comprar con dinero. Me hace feliz saber que estoy marcando una diferencia en la vida de las personas.

También se puede obtener la misma recompensa recomendando un libro. Alguien leerá ese libro, y luego leerá otro, y otro, y algún día volverá a decirle: "Usted me hizo iniciar este viaje. Ese libro que me recomendó encendió mis luces, dio un giro a mi mente, me hizo pensar y reflexionar, y desde entonces voy en buen camino". Puede recibir tantos elogios como yo si comparte -comparta con sus hijos, sus colegas y con todo el que se ponga a su alcance.

Compartir no sólo le ayuda a usted, sino también a la persona con la que comparte. Esto es lo que también hace el compartir: le hace más grande de lo que es. Si tengo un vaso lleno de agua, ¿puede ese vaso contener más agua si está lleno? La respuesta es sí, pero para que quepa más, tiene que verter la que ya está en el vaso. Eso es lo que le pido que haga. Si está lleno de ideas y cosas buenas, le pido que las vierta. ¿Por qué? Porque se llenará más.

Cuando se viertes se hace más grande, porque los seres humanos tienen la capacidad de crecer en conciencia, conocimiento y capacidad. La capacidad es ilimitada.

Por ejemplo, en Europa, muchos niños hablan dos o tres idiomas. Cuando yo crecí, mi padre hablaba alemán y mi madre hablaba francés, pero ninguno de ellos me enseñó. Ellos intentaban alejarse de las lenguas del "viejo mundo", no tenían ni idea de lo valiosas que iban a ser esas lenguas en el futuro, así que abandonaron el alemán y el francés. Podría haber aprendido los tres idiomas en vez de sólo inglés.

Mis hijas iban al colegio en Beverly Hills, donde ofrecían tres idiomas: francés, alemán y español. ¿Por qué? Porque los niños pueden aprender dos idiomas con la misma facilidad que uno. ¿Cuántos idiomas puede aprender un niño? Tantos como usted les enseñe. No les falta capacidad, sólo les faltan profesores.

Y lo mismo ocurre con usted, las amplía compartiendo lo que tiene, lo que ha experimentado y lo que has aprendido.

Sigo trabajando por una razón muy interesada. Si comparto con usted, mi conciencia crece y vuelvo a escuchar todas estas cosas buenas. Alguien me preguntó no hace mucho: "Sr. Rohn, ¿cómo le va en la vida? En los seminarios conoce a mucha gente. ¿Cómo le va con todo esto que les enseña?".

La mejor respuesta que puedo dar es la siguiente: "Escúcheme con mucha atención, pero no me observe demasiado. Estas cosas de la vida son más fáciles de decir que de hacer

Amplíe su capacidad compartiendo lo que tiene, **sus experiencias y lo que ha aprendido.**

y lo comprendo. Estoy trabajando en ello, igual que usted, pero puedo dar fe de que su capacidad crece cuanto más aprende."

¿Por qué quiere que crezca su capacidad? Para obtener más de su próxima experiencia. Entonces, ¿estoy diciendo que algunas personas sacarán más provecho de sentarse entre el público de un seminario o de leer un libro que otras? Sí, así es. Si no ha estado expandiendo su propia capacidad últimamente, puede que no obtenga mucho de un seminario o un libro, pero si ha estado expandiendo su capacidad y ha estado compartiendo y haciendo todo esto, obtendrá lo mejor de la vida, no hay límite a lo que todo esto podría significar para ti hoy y en el futuro. Esta es su oportunidad de crecer, cambiar, desarrollarse, absorber y aprovechar todas las oportunidades que se le pongan enfrente.

Le pido que se expanda y crezca para que pueda albergar más en su próxima experiencia. Algunas personas no son muy felices cuando la felicidad podría derramarse por todo el mundo. ¿Por qué? No son lo suficientemente grandes, y los que son pequeños no sacan mucho provecho de la vida. Los que son pequeños en comprensión, en la capacidad de pensar y cuestionarse las cosas y en apreciarlo todo no captan la felicidad y las cosas buenas que se derraman sobre ellos.

La prosperidad puede derramarse sobre todo el país y, sin embargo, algunas personas no serán prósperas. ¿Por qué? Son demasiado pequeñas en su forma de pensar y en su capacidad de compartir, no se han expandido a su plena capacidad. No sea como ellos.

Aprenda a compartir, es una experiencia verdaderamente gloriosa.

6

ESTRATEGIAS PARA FIJAR METAS

Hablemos ahora de estrategias para fijar metas. Poco después de conocer al Sr. Shoaff, estábamos desayunando una mañana cuando me dijo:

—Sr. Rohn, ahora que nos conocemos mejor, tal vez una de las mejores maneras en que puedo ayudarlo es si me deja ver su lista actual de metas. Repasémoslas y hablemos de ellas.

—¿Cómo? Yo no tengo una lista de metas.

—Bueno, Sr. Rohn, si no tiene una lista de metas podría adivinar que su saldo bancario se acerca a unos cientos de dólares.

Eso era totalmente cierto, y quise saber cómo lo había averiguado.

—¿Quiere decir que mi saldo bancario cambiaría si tuviera una lista de metas?

—Drásticamente.

Así que ese día me convertí en el estudiante eterno de la fijación de metas y he utilizado la técnica para influir dinámicamente en mi vida. Se lo he enseñado a algunos de mis colegas y lo utilizamos para hacer negocios en todo el mundo.

Establecer metas es un aspecto muy importante para vivir el mejor año de su vida: establecer metas para crecer, aumentar la productividad y disfrutar de una vida feliz.

SU VISIÓN DE FUTURO

Las metas son su visión del futuro. Hay dos formas de enfrentarse al futuro: Una, con aprensión. Dos, con anticipación. ¿Adivine cómo afronta el futuro la mayoría de la gente? Con aprensión. ¿Por qué? La razón más importante es porque no tienen su futuro bien diseñado y permitieron que fuera diseñado por otra persona.

Si no hace planes para su propio futuro, ¿adivine qué? Lo más probable es que caiga en los planes de otra persona. Y

Las metas son su visión del futuro.

¿adivine qué puede haber planeado otra persona para usted? No creo que mucho. Debe hacer una lista de sus objetivos, de lo que quiere que sea su futuro.

Hay muchas personas en el mundo con una lista de "no mucho". Si todos sus parientes con actitudes negativas de repente se volvieran positivos, ¿qué haría eso por su futuro? No mucho. Si los precios bajaran un poco, ¿qué haría eso por su futuro? Muy poco. Si la economía mejorara un poco, ¿qué haría eso por su futuro? No mucho. Si las circunstancias mejoraran un poco, ¿qué haría eso para su futuro? No mucho. Si el tiempo mejorara un poco en los próximos años, eso no haría mucho.

Se podrían enumerar muchos más escenarios de "no mucho" por los que la mayoría de la gente espera toda su vida con los dedos cruzados. Por eso, dentro de 10 años conducirán un vehículo que no quieren conducir, vivirán donde no quieren vivir, llevarán lo que no quieren llevar, harán lo que no quieren hacer, tendrán lo que no quieren tener y quizá se conviertan en lo que no querían llegar a ser. Y todo empieza con una mentalidad de "no mucho".

LA PROMESA DEL FUTURO

¿Cómo puede cambiar su vida radicalmente? Debe contar con usted mismo, especialmente con su capacidad para diseñar su propio futuro. Se llama la promesa del futuro; y si la diseña bien, con una apreciación inspirada, tendrá un efecto positivamente impresionante en su vida.

Pero si se enfrenta al futuro con aprensión, dará pasos vacilantes e inciertos todo el día. Y si das pasos inciertos todo el

¡Su propia capacidad para diseñar su futuro cuenta mucho!

día durante seis años, puede imaginarse lo vacía que estará su vida.

La promesa va unida al precio: el precio que hay que pagar por un futuro apasionante. El precio es fácil si la promesa es clara y poderosa, pero el precio parecerá demasiado alto, demasiado difícil de alcanzar y cumplir si la promesa no es clara y poderosa.

Incluso los jóvenes pagarán las disciplinas si pueden ver la promesa. Uno de nuestros mayores retos como padres es ayudar a nuestros hijos a ver la promesa del futuro, y por eso enseño independencia financiera; cómo llegar a ser rico, poderoso, sofisticado, sano y único. Todo lo que los niños esperan es posible en los Estados Unidos de América, esa es la promesa del futuro. ¿El precio? Unas pocas disciplinas sencillas practicadas cada día. Los jóvenes pagarán el precio de las disciplinas sencillas si pueden ver la promesa del futuro, pero si no pueden verla, no querrán pagar.

Y lo mismo ocurre con todos nosotros. Pagaremos las disciplinas más extraordinarias si podemos ver la promesa del futuro, y a eso se le llama fijarse metas. Por lo tanto, le pido que se fije en su futuro y no se lo dé a nadie, mucho menos a la empresa. Las empresas tienen sus propias metas. Le pido que fije sus propias metas, personales, de ingresos, financieras, de salud y espirituales. Dónde quiere ir, qué quiere hacer, qué quiere ver y qué quiere ser. Eso es todo: escriba su propia promesa de futuro y diséñelo. Está en tus manos y en su capacidad el hacerlo.

Así de sencilla es una estrategia de fijación de metas. No tiene misterio, ni ciencia, ni hay que visualizar ni conectarse a la tierra. Nada de eso. Simplemente escriba sus metas, así de profunda es esta estrategia.

El precio es fácil si la promesa es clara y poderosa.

Decida lo que quiere y escríbalo, haga una lista. Sugerencias:

- ¿Adónde quiere ir?
- ¿Qué quiere hacer?
- ¿Qué quiere ver?
- ¿Qué quiere ser?
- ¿Qué quiere tener?
- ¿Qué quiere compartir?
- ¿Qué proyectos le gustaría apoyar?
- ¿Por qué le gustaría que le conocieran?
- ¿Qué habilidades le gustaría aprender?
- ¿Qué cosas extraordinarias le gustaría hacer?
- ¿Qué cosas, ordinarias y sencillas, le gustaría hacer?

Decida lo que quiere y escríbalo

- ¿Qué tonterías le gustaría hacer?
- ¿Qué le gustaría hacer?

Decídase y escríbalo todo. Y si quiere hacer una lista privada, ponga parte de ella en un código que nadie más pueda entender, por si cayera en manos poco amistosas. Incluso escriba cualquier tontería que se le ocurra, no importa. Es su lista.

Yo me vengué un poco en mi primera lista. Había una compañía financiera que solía acosarme, llevaba dos o tres pagos de retraso y este tipo llamaba incesantemente diciendo: "Vamos a ir por su auto y lo arrastraremos por la calle delante de sus vecinos". Estaba realmente molesto. Cuando conocí a Earl Shoaff y enderecé mi vida, una de las primeras cosas en una de mis listas tenía que ver con ese tipo de la compañía financiera.

En aquel momento, necesitaba un poco de drama en mi vida, así que cuando por fin conseguí el dinero para pagarles, lo metí en billetes pequeños en un gran maletín y entré en la oficina de Wilshire Boulevard, en Los Ángeles. Me dirigí a la oficina del tipo que me acosaba a menudo, abrí la puerta, entré, me acerqué a su mesa, me puse delante de él, le miré directamente a los ojos y no dije ni una palabra.

Me preguntó qué hacía ahí, y sin decir una palabra abrí el maletín, volqué el montón de dinero sobre su escritorio y le dije: "Cuéntelo, ahí está todo. No volveré nunca". Luego me di la vuelta, salí y cerré la puerta tras de mí. Puede que eso no haya sido muy noble, pero inténtenlo al menos una vez. Paguen con un poco de drama. Después de eso lo taché de mi lista.

Lleve su lista con usted todo el tiempo. Yo guardo mi lista en mi diario, para poder revisarla. Así veo la lista que hice hace cinco años, y debo aceptar que me da un poco de vergüenza cuando miro las listas del pasado y veo lo que creía que era tan importante. Mi filosofía de hace diez años ha cambiado muchísimo, al igual que la de hace cinco y tres años. Lo que es valioso para mí ahora es diferente de lo que era valioso en ese entonces. Conserve todas sus listas de metas: cada una muestra su crecimiento y su capacidad de cambio, y revela cómo se ha ampliado su filosofía y sus valores y disciplinas.

Mi amigo japonés, Toro Ikeda, puso en su lista de primeras metas contratar a un jardinero caucásico. Me pareció bien. Me gustó. ¿Se da cuenta de lo profundo que es fijarse metas?

Además de su lista personal privada, quizá quiera reunirse con su mujer y hacer una lista. Reúnase con sus hijos,

Fijar metas es una parte importante de su futuro.

decídase y haga una lista. Luego reúnase con sus colegas de trabajo y haga otra.

He aquí otro escenario sobre la fijación de metas. Cuando empecé a hacer mi primera lista, el Sr. Shoaff me dijo: "Sr. Rohn, parece que vamos a estar juntos durante un buen tiempo, así que voy a darle una sugerencia. Usted es un hombre americano de 25 años. Claro, ha cometido algunos errores, pero ahora está en un mejor camino. Tiene una familia, así que tiene motivos para pensar en mi sugerencia. Entre todas las metas que se proponga, ¿por qué no incluye la de hacerse millonario? Esto es América, todas las posibilidades están a su alcance. ¿Por qué no se propone ser millonario? Suena bien y tiene suficientes ceros como para impresionar a su contador".

Y luego dijo: "He aquí por qué".

Ahora, pensé, el hombre no necesita enseñarme por qué. ¡Sería genial tener un millón de dólares!

Como si me hubiera leído el pensamiento, me dijo: "Esa no es la razón, escucha".

Luego compartió una de las lecciones más grandes que he aprendido y estoy a punto de compartirla con usted. Esta sabiduría vale el precio de haber comprado este libro si puede captar lo que estoy a punto de compartir. Puede que se haya perdido su programa de televisión favorito para leer esto, pero lo que estoy a punto de compartir tiene valor porque cambió toda mi vida.

El Sr. Shoaff dijo: "Fíjate la meta de hacerte millonario por lo que te costará conseguirlo".

Esa fue una de las mejores lecciones de una sola frase que he recibido en mi vida. *Fíjese una meta que le haga esforzarse, por lo que supondrá para usted el poder alcanzarlo.* ¡Qué buena nueva razón para fijarse metas!. Qué desafío más completo para tener una mejor visión del futuro, para ver lo que costará conseguirlo. Y he aquí por qué: el mayor valor de la vida no es lo que obtiene, sino aquello en lo que se convierte.

La pregunta que hay que hacerse en el trabajo no es: "¿Qué estoy consiguiendo?". Una mejor pregunta sería: "¿En qué me estoy convirtiendo?". No es lo que obtiene lo que le hace valioso, es en lo que se convierte lo que le hace valioso.

Así que el Sr. Shoaff dijo: "Fíjese el objetivo de hacerse millonario por lo que le costará conseguirlo". Luego dijo: "Cuando por fin sea millonario, lo importante no será el dinero".

Eso sería algo más que tendría que aprender.

Ya era rico a los 31 años, era millonario, pero a los 33 estaba arruinado. No lo di todo, pero lo perdí todo. Cometí errores

El mayor valor de la vida no es lo que obtiene, **sino en lo que se convierte.**

tontos, era un granjero de Idaho y todo ese dinero me volvió loco. Solía decir: "¿En cuántos colores viene? Los compraré todos". Me volví loco con ese primer dinero y luego cometí un error tonto. No entendí la política de "garantía continua" del banco. Era tan ingenuo que no sabía lo que significaba "continua".

Eso y algunos errores más, y a los 33 años estaba arruinado. Gané y perdí millones desde entonces, pero qué experiencia fue aquella. Y les digo, ese hombre tenía razón. Cuando estaba arruinado a los 33 años, ¿adivinen qué descubrí? El dinero no lo era todo, solo representaba una fracción de todos mis activos.

El Sr. Shoaff había dicho: "Una vez que se haga millonario, Sr. Rohn, podrá regalar todo el dinero, porque descubrirá que lo importante no es el dinero. Lo importante es la persona en la que se ha convertido".

Ahora permítame que le diga la frase clave para fijar metas: Fíjese el tipo de metas que le dejen algo positivo. Tenga eso siempre presente. *¿Qué me aportará el alcanzar esta meta? Si me fijo esta meta y la alcanzo, no sólo lo alcanzaré, sino que ¿qué me ofrecerá en el proceso?* Este fue un concepto totalmente nuevo que aprendí sobre la fijación de metas. Lo comparto con usted como sabiduría aprendida y ganada durante el proceso.

DOS PARTES EN LA FIJACIÓN DE METAS

Hay dos partes en la fijación de metas: 1) No fije metas demasiado bajas; y 2) No se comprometa ni se venda. Veamos ambas cosas en profundidad.

Fíjese metas que le obliguen a conseguirlas.

Número uno: No fije metas demasiado bajas. Esto también lo enseñamos en las clases de liderazgo. No se una a un grupo fácil porque no crecerá. Vaya a donde las expectativas sean altas y las exigencias sean desafiantes, a donde le presionen para que rinda, crezca, cambie, se desarrolle, lea, estudie y adquiera habilidades.

Pertenezco a un pequeño grupo y hacemos negocios en todo el mundo, las expectativas a ese nivel son verdaderamente desafiantes, esperamos mucho unos de otros en términos de excelencia, mucho más allá de la media. ¿Por qué? Para que cada uno de nosotros pueda crecer, para que podamos recibir y aportar al grupo algo sin precedentes. Se llama vivir en la cumbre.

Vaya a donde las exigencias sean altas y las expectativas fuertes, para que le provoquen y le empujen. Insista con urgencia en que no seguirá igual los próximos dos o cinco años, que crecerá y cambiará. No se ponga metas demasiado bajas. La persona que dice: "Bueno, no necesito mucho", probablemente no tendrá mucho.

Número dos: No se comprometa. No se venda. Hubo algunas cosas por las que aposté en los primeros años y por las que pagué un precio demasiado alto. Si hubiera sabido cuánto me iba a costar nunca lo habría hecho, pero no lo sabía. Una frase antigua dice: "Cuantifica el costo". Y una historia antigua dice: "Judas se quedó con el dinero". Usted dice: "Bueno, esa es una historia de éxito". No, no. Es verdad que 30 piezas de plata en aquellos días era una fortuna considerable, pero Judas fue un traidor, condenó a un hombre inocente y, después de tener el dinero en su pequeña mano caliente, se sintió tan infeliz que se suicidó.

Alguien me preguntó: "Bueno, si tenía una fortuna, ¿cómo podía ser infeliz?". No era infeliz con el dinero, era infeliz consigo mismo. La mayor fuente de infelicidad es la infelicidad propia, no viene de fuera. La fuente más poderosa de infelicidad viene de dentro de uno mismo.

Y ahí dentro es donde empieza la erosión, al hacer un poco menos de lo que podría. No deje que eso le suceda.

Judas estaba descontento y trató de devolver el dinero pero no se lo aceptaron, entonces decidió simplemente tirarlo. Después de perder su fortuna se dio cuenta de que no podía cambiar lo que había hecho, se había convertido en un traidor, así que se ahorcó. ¿Por qué un final tan trágico? Porque era tan infeliz consigo mismo al venderse por dinero.

La antigua escritura lo resume todo: *"¿De qué te sirve ganarse el mundo entero si pierdes tu alma? ¿Acaso hay*

La peor infelicidad es la propia.

algo que valga más que tu alma? "¹ No se venda, no comprometa sus valores ni sus virtudes ni su filosofía.

CONTEMPLACIÓN Y CUIDADO

He aquí dos palabras clave: "he aquí" y "tenga cuidado", que es necesario comprender en el contexto de la fijación de metas. En primer lugar, *contemplar* es una palabra positiva. Le insto encarecidamente a que contemple las posibilidades, la oportunidad, el drama, la maravilla, la singularidad y la majestuosidad de su vida. Contemple a diario, incluso momento a momento. Dos, *cuidado* es una palabra negativa. Cuidado con la tentación de venderse. Cuidado con aquello en lo que se convierte cuando persigue lo que quiere, cuidado con los resultados negativos y el tipo de metas que se fija, asegurándose de que le conduzcan a un futuro positivo y exitoso. Fíjese siempre metas que transformen su vida, que le hagan mucho mejor y más fuerte de lo que es. Es un muy buen consejo, recuérdelo.

FELICIDAD

Durante esa misma conversación, el Sr. Shoaff dijo: "Sr. Rohn, si desea ser feliz, estudie la felicidad". Yo no sabía que la felicidad era un estudio. Mi mayor esperanza de felicidad a los 25 años era pasar el día con los dedos cruzados esperando que de alguna manera algo me hiciera feliz.

Me dijo: "No, Sr. Rohn. La felicidad no es algo que se pospone ni algo que se aplaza para el futuro. La felicidad es algo que se diseña".

La felicidad es algo que se estudia y luego se diseña.

La felicidad es una práctica y un arte, no un accidente. Es un arte y cualquiera que quiera ser feliz puede estudiar y practicarlo. Una vida feliz y un estilo de vida feliz es una cultura que puede hacer realidad. El dinero no le hace culto, pero la cultura está al alcance de todos nosotros.

¿Cuánto cuesta un libro que enseña sofisticación, refinamiento, sensibilidad y civismo en el mercado? ¿$4,000? No, 40 dólares. Se lo digo, en América, todo está disponible, todo está a tu alcance. Todo lo que tiene que hacer es estar comprometido con ello y estudiarlo. La cultura y la urbanidad se estudian. No es una cantidad ni una cuenta, son un estudio. El dinero no le hace sofisticado y culto. Conozco a un tipo que es rico, sin embargo, es un torpe. Come con el codo en la sopa, es grosero y maleducado. No hay nada más lamentable que un rico torpe, es algo triste. El dinero no le hace respetable, sólo el estudio y la práctica le hacen civilizado en una

El estudio y la práctica le hacen respetable, culto y rico.

sociedad civil, sólo el estudio y la práctica le hacen culto y sólo el estudio y la práctica le hacen feliz.

El estudio y la práctica le hacen rico, así que no sea perezoso en el aprendizaje. Primero, estudie y practique cómo hacerlo bien, y después, estudie y practica cómo vivir bien. No sea perezoso en el aprendizaje y la práctica de las artes de la economía, la productividad y un estilo de vida de alegría.

Earl Shoaff me enseñó en términos sencillos pero extraordinarios, como diciéndome: "Sr. Rohn, si le están limpiando los zapatos y cuando termina ve que han hecho un trabajo excepcional, de hecho acaba de recibir uno de los mejores servicios de todos los tiempos, y cuando le paga se da cuenta de que tiene algo de cambio extra en la mano. Se le ocurre una pregunta: "¿Debo darle poca o mucha propina por haberme lustrado tan bien?" Esto es lo que dice Shoaff "Si le pasan dos cantidades por la cabeza, decídase siempre por la más alta y conviértase en la persona que piensa con más abundancia". Eso ayudó a cambiar mi vida. Dijo: "Conviértase en la persona que da la mejor propina".

Entonces el Sr. Shoaff me dijo: "Si se pregunta si debe darle uno o dos dólares al tipo y decide darle sólo uno, esa decisión le afectará el resto del día. Cada vez que vea sus zapatos y lo limpios que están pensará: *soy muy tacaño. Una mísera propina de un dólar por un brillo estupendo que durará días*".

"Pero", continuó el Sr. Shoaff, "cuando vaya a dar los dólares, será testigo de la felicidad de la persona que lo recibió".

Eso se llama estudiar y practicar el arte de un estilo de vida positivo, que significa vivir bien.

Un padre envuelve un billete de 20 dólares, se lo lanza a su hijo y le dice: "Si tanto necesitas el maldito dinero tómalo y retírate de mi vista". Qué triste. Un padre con dinero y sin alegría; estudió economía, pero nunca estudió alegría. Le pido que le dé la vuelta a ese tipo de pensamiento y convierta lo negativo a positivo y la tristeza en alegría.

Di un seminario en Saint Louis, Missouri, y cuando lo terminé, un hombre se acercó y me dijo: "Sr. Rohn, usted me ha convencido. Voy a cambiar mi filosofía, mi actitud, mi vida… voy a cambiarlo todo. Sus palabras han dejado huella y oirá hablar de mí, le prometo que escuchará mi historia algún día".

Asentí con él y le deseé suerte. Mucha gente dice cosas que no cumple, sin embargo, unos meses más tarde volví a Saint Louis para presentar otro seminario. Cuando terminé, se me acercó un hombre cuyo nombre no recordaba y me dijo:

—Estoy seguro de que me recordará como el hombre que dijo que lo iba a cambiar todo porque sus palabras me habían conmovido.

—Si— le dije—.Me acuerdo de usted.

—Déjeme decirle que ya me están pasando cosas y aun no puedo creerlo, solo han sido unos cuantos meses. Una de las cosas que decidí cambiar fue mi relación con mi familia. Mi mujer y yo tenemos dos hijas adolescentes encantadoras, no podríamos pedir unas hijas más hermosas e inteligentes, yo soy el único que les ha dado problemas. Estas hijas nuestras nunca nos han dado ningún problema, y sin embargo he sido yo el que todos estos años les ha dado todos los problemas.

"A mis hijas les encanta ir a los conciertos de rock y siempre lo complico todo. Tienen que suplicarme que les dé dinero y les repito que no quiero que vayan, que la música es demasiado fuerte y las va a dejar sordas, que terminan tarde y vuelven muy noche a casa, y demás. Finalmente, cuando ya han suplicado lo suficiente, les termino diciendo que si tanto quieren ir que tomen el dinero y vayan, y así lo he manejado hasta ahora.

Sin embargo, después de salir de su seminario, decidí cambiar todo eso por lo que usted enseñó como un estilo de vida positivo, y no me lo va a creer. No hace mucho, cogí el periódico y vi que uno de sus artistas favoritos venía a la ciudad. ¿Adivine qué hice? Fui y compré las entradas yo mismo y las traje a casa, las metí en un sobre, y cuando vi a mis hijas más tarde ese mismo día, se los entregué. Les dije que era posible que no me creyeran, pero que ahí estaban sus boletos y que les prometía que no tendrían más necesidad de suplicarme para poder asistir. Se quedaron sin habla. Luego les pedí que no abrieran el sobre hasta llegar al concierto.

Cuando llegaron y le dieron los boletos al acomodador este las llevó a una zona exclusiva, la décima fila, en el centro. Las únicas entradas por las que habían estado mendigando eran las de la derecha, en el tercer balcón, desde donde apenas podían ver el escenario. Esa noche me quedé despierto hasta tarde, y poco después de medianoche mis dos hijas irrumpieron por la puerta principal. Una de ellas se posó en mi regazo y la otra me rodeó el cuello con los brazos. Las dos me dijeron que era uno de los mejores padres de todos los tiempos'.

Sr. Rohn, tiene razón. No puedo creerlo: mismo dinero, diferente padre. He empezado a hacer los cambios y decidí empezar por mis adolescentes, mis propias chicas, y qué diferencia tan grande está haciendo eso en mi vida".

También usted puede hacerlo con su estilo de vida, su carrera de ventas, su carrera de gestión y con cualquier otra

HOW TO HAVE YOUR BEST YEAR EVER

parte de tu vida. Si busca lo mejor en su vida, una felicidad sin igual, no maldiga lo único que realmente tiene: la semilla y la tierra, el sol, la lluvia, los milagros y las estaciones. Empiece hoy a cambiar, procesar y evaluar y recuperar lo que le ha estado faltando-y este proceso de cambio le funcionará. No va a creer lo que puede suceder en tan poco tiempo.

NOTA

1. Mateo 16:26 NTV.

7

INDEPENDENCIA FINANCIERA

Profundicemos ahora en el tema de la independencia financiera. Todo el mundo tiene que luchar con su propio concepto de independencia financiera, enriquecerse o hacerse rico. Algunas personas se sienten un poco incómodas con ese tipo de frases, y puedo entenderlo. Hemos oído la frase, que es cierta, de que el amor al dinero puede ser ciertamente maligno, pero el dinero en sí no es malo. Hay algunas formas malvadas de adquirirlo, y hay una gran diferencia entre codicia y ambición.

Al contrario de lo que sale en la película de 1987 *Wall Street,* la codicia no es buena. La codicia es mala y debe ser combatida, es esperar algo a cambio de nada o esperar más de lo que le corresponde. La codicia espera algo a costa de los demás y eso no está bien. La gente que es codiciosa y se aprovecha injustamente de los demás debe ser encerrada para hacerles pagar el precio de su egoísmo. En resumen, la codicia no es buena.

Y ¿qué es lo bueno? La ambición legítima. La ambición legítima dice que sólo deseo aquello que pueda *servir* a los demás, no a costa de los demás. Lo bueno es utilizar nuestros recursos financieros para mejorar nuestra familia y de los demás, satisfaciendo nuestras necesidades y las de los demás, dedicándonos los unos a los otros.

Jesús nos ofreció el mayor escenario para el éxito cuando dijo: "Nadie puede servir a dos amos a la vez porque odiaréis a uno y amaréis al otro; seréis devotos de uno y despreciaréis al otro. No podéis servir a Dios y ser esclavos del dinero".[1]

La codicia causa la calamidad de muchos. La codicia de poder y riqueza hizo que Stalin matara a 30 millones de sus propios compatriotas, su codicia y ansia de poder fueron catastróficas. Esta conocida afirmación es cierta: el poder absoluto corrompe absolutamente. Stalin buscó el poder a costa de los demás, no al servicio de los demás.

Sin embargo, Jesús le da la vuelta a todo el escenario y dice que el servir a muchos conduce a una gran riqueza, a un gran reconocimiento y a una gran satisfacción. Zig Ziglar dice con frecuencia: "Si ayudas a suficientes personas a conseguir lo que quieren, puedes tener todo lo que quieras". Eso no es codicia, se llama ambición legítima al servicio de los demás.

Sé que algunas personas luchan con esta idea de querer más. A algunas personas les molesta un poco saber que todos estos años he estado enseñando a los niños a cómo ser ricos a los 40 años, e incluso a los 35 si son extra brillantes, e incluso antes si encuentran una oportunidad única. Algunos no están de acuerdo conmigo en enseñar a los jóvenes cómo hacer fortuna, así que a lo largo de los años he modificado un poco la redacción: ahora les pongo como objetivo ser "financieramente independientes". Este término es un poco más suave que querer ser rico y amasar una fortuna; es más fácil de comprender sin parecer descarado o arrogante.

Independencia financiera: capacidad de vivir de los ingresos de los propios recursos personales.

Mi definición de independencia financiera es la capacidad de vivir de los ingresos de sus propios recursos personales. Creo que la independencia financiera es un objetivo poderoso y digno, prestar un buen servicio es una ambición legítima, al igual que desarrollar habilidades en el mercado y llegar a ser tan valioso que pueda tener recursos y, finalmente, tener los suficiente para invertirlos y poder vivir independientemente.

Si toma decisiones acertadas con sus recursos e ingresos podrá hacer todas las cosas que le gustaría hacer, los proyectos que le gustaría apoyar, las cosas de las que le gustaría ocuparse y de las que ahora no puede ocuparse. Creo que ser económicamente independiente es una ambición que merece la pena.

UN BALANCE FINANCIERO

Hablemos ahora de la independencia financiera. El Sr. Shoaff dijo: "Sr. Rohn, en primer lugar, tenemos que tomar una foto de donde estás. Para llegar a donde quieres ir, tienes que tomar una foto de donde estás ahora, y una de las mejores maneras de tomar una foto financiera de dónde estás ahora es crear un estado financiero que revelará cualquier error en el pasado que podamos corregir estableciendo disciplinas para el futuro."

Yo no sabía lo que era un estado financiero, así que él me enseñó. El Sr. Shoaff me dijo: "Es así de sencillo. En una hoja de papel enumere el valor de todos sus activos en este lado y sume cada uno y ponga el total al final de la lista. Luego, en el otro lado, haga una lista de todo lo que debe, lo a lo que se le

Un estado financiero revela su situación económica actual.

llama pasivo, sume su valor y ponga el total al final de la lista. Luego resta una cosa de la otra y obtiene su patrimonio neto actual.

Este total no es su valor neto total, porque no incluye lo que vale como padre o cónyuge, como colega y ser humano, eso no forma parte de este cálculo. En un estado financiero nos fijamos en la economía, y si está mal aquí, podría estar mal en otra parte de su vida. Puede que se quede corto en otras áreas.

Es muy importante no quedarse corto en la fe, en el lenguaje, o en la capacidad. También es muy importante no quedarse corto en espíritu, en desarrollo personal y en singularidad. Por supuesto, aquí hay muchos más valores que la economía, pero la razón por la que tomamos una foto de la economía es para ilustrar esa parte de su vida.

Sr. Rohn, si usted no ha hecho cosas sabias con su dinero, probablemente no ha hecho cosas sabias con su tiempo ni con sus amistades, ni con sus relaciones familiares. Un error lleva a otro. En primer lugar, debe corregir sus finanzas, así que vamos a tomar esa foto.

Le dije:

—Bueno, la verdad es que si escribo este estado financiero, no se vería tan bien.

—No importa cómo se vea, no tiene que poner esta foto en un tablón de anuncios público ni vamos a publicarla en el periódico. Es sólo para que vea dónde está y hacia dónde va financieramente».

Yo le ofrezco ese consejo. No es importante que yo (ni nadie más) sepa cómo le va, pero es desesperadamente importante que usted sí lo sepa. Si está progresando, si no está progresando, si va por buen camino o si está perdido.

Cuando el Sr. Shoaff dijo: "Vamos a hacernos una foto", me dio mucha vergüenza. *¿Pasivos?* Tenía muchas deudas. Les debía a mis padres y a otros. Lo sumé todo. *¿Activos?* Estaba realmente avergonzado. Traté de anotar cualquier cosa que se me ocurriera para parecer un poco mejor, incluso mis zapatos. Después de todo, el Ejército de Salvación probablemente me daría $2 por ellos.

—Ahora, Sr. Rohn— dijo el Sr. Shoaff— este estado financiero se verá más o menos igual en los próximos seis años, dependiendo de si cambia o no.

Así que empecé todo este proceso de cambio. Usted también puede transformar su capacidad de tener el tipo de futuro que siempre ha deseado.

LA LÍNEA DE SALIDA

Ahora déjeme que le dé los números. Esto es lo que pregunto a los niños: "¿Qué debería hacer con un dólar?". ¿Cuántas filosofías cree que hay sobre lo que un niño debería hacer con un dólar? No me lo creería. Una filosofía es: "Es sólo un niño, y es sólo un dólar. ¿Qué diferencia puede haber?" Vaya, qué error de juicio tan grande. ¿Dónde cree que empieza la economía? Empieza con un niño y un dólar.

Otra filosofía incorrecta: "Que el niño se lo gaste todo". ¿Cuándo espera que deje de ser un niño? ¿Cuando tenga 50 y esté arruinado como yo, y entonces aprenderá algo? No, no, no. No espere a que aprenda a poner en práctica decisiones financieras sensatas: haga que los niños empiecen a ser sensatos con las finanzas desde pequeños. Y si necesita volver al buen camino, empiece ahora.

Si necesita volver a una senda financiera sólida, empiece ahora.

Así que si un niño quiere gastarse todo el dólar, convénzalo de que no lo haga.

Puede decir: "¿Por qué no? Es mi dólar". Su respuesta debe ser: "Sé que es tu dólar, y sé que te lo has ganado, pero no te lo gastes todo, y te enseñaré por qué". Los niños aprenden mejor visualmente, así que métalo a tu auto y conduce hasta la otra punta de la ciudad. Enséñele dónde vive la gente que se gasta todo el dólar: captarán el mensaje. Pregúnteles: "¿Te gustaría vivir aquí, donde la gente se gasta todo el dólar?". La respuesta será no.

Y si ustedes viven allí, enséñele el barrio y cuéntele cómo está haciendo cambios para mejorar su situación económica actual. Enséñele también a hacer los cambios y cómo influir dinámicamente en sus vidas haciendo unas cuantas actividades de forma disciplinada. Todo el mundo puede salir del gueto, de la asistencia social y de dondequiera que esté. Salga a la luz del sol, y su vida puede adquirir dimensiones totalmente nuevas de poder, prosperidad, y todo lo demás que es valioso y único.

Voy a compartir con ustedes una fórmula que transformó drásticamente mi vida. Llevo casi 20 años enseñándola tanto a adolescentes como a adultos y quiero compartirla con usted porque quiero que este sea un día especial, uno que nunca olvidará.

LAS CIFRAS

A partir de ahora, nunca gaste más de 70 céntimos de cada dólar.

Cuando conocí al Sr. Shoaff, gastaba alrededor del 110% de cada dólar, y eso es fatal. Si sus gastos exceden sus ingresos, su mantenimiento se convierte en su ruina, no lo olvide. Así que el número que encontré que funciona mejor en el desarrollo de un buen plan financiero es el 70 por ciento.

¿Qué hacer con los 30 céntimos restantes? Mi mejor consejo es dar 10 céntimos (el 10%) a una organización benéfica que apoye proyectos meritorios, ayudando a personas que no pueden valerse por sí mismas. Algunas iglesias enseñan a dar el diezmo, que consiste en devolver una parte de lo que se saca, y nada enseña mejor a los niños la responsabilidad y el carácter que la generosidad. Ninguna escuela, ninguna clase, ningún profesor puede enseñar el carácter mejor que el simple acto de ser generoso. De 10 céntimos de cada dólar para ayudar a los demás.

Por supuesto, puede elegir sus propios números, yo sólo le doy mi mejor escenario. Ahora es el momento de ayudar a sus hijos a ver el valor de hacer donaciones benéficas. Empiece cuando las cantidades sean pequeñas, cuando les resulte fácil dar 10 céntimos de cada dólar. A los niños no les importará dar 10 céntimos de cada dólar si forma parte de su filosofía, si les convence de ello.

Se hace un poco más difícil dar 100.000 de 1.000.000. Alguien dice: "Oh, si tuviera 1.000.000 de dólares, daría 100.000". No estoy tan seguro. Empiece pronto, cuando las cantidades sean pequeñas, para que su filosofía esté asentada en su mente cuando empiecen a llegar las grandes cantidades.

Entonces, no gaste más del 70% y done el 10% a obras benéficas.

Los siguientes 10 céntimos hay que gastarlos en lo que yo llamo "capital activo". Esto significa tratar de obtener un beneficio uno mismo. Vivimos en una sociedad capitalista donde la gente puede obtener un beneficio vendiendo algo o prestando un servicio a la gente, y obteniendo un beneficio.

El capital debe estar en manos del pueblo, ahí está el genio. Yo enseño a los niños que los beneficios son mejores que los salarios. Los salarios son útiles y le ayudan a ganarse la vida, pero los beneficios le ayudan a hacer una fortuna, a ser financieramente independiente. La clave es entender filosóficamente este simple escenario económico, y hay todo tipo de formas de obtener beneficios.

¿Deben pagar impuestos los niños? En California, donde yo vivo, los niños sí pagan impuestos. Si un niño de ocho años entra en el 7-Eleven y compra algo que cuesta un dólar, el propietario le hace soltar siete peniques más. El chaval pregunta: "¿Para qué son los siete peniques?". El propietario responde: "Esos peniques pagan los impuestos". El chaval dice: "Bueno, yo sólo tengo ocho". El propietario dice: "Enhorabuena, eres mi contribuyente más joven". Así que en California, los niños sí pagan impuestos. Ahora la pregunta es, ¿deberían? Sí. Claro que sí.

Si un niño de 8 años quiere ir en bicicleta por la acera en vez de por el barro, hay que pagar impuestos para pagar la acera. Los portaaviones mantienen a la tiranía alejada de las costas de nuestra nación, y esos portaaviones cuestan dinero. Es caro gobernar una nación con todos sus estados, comunidades y escuelas.

Así que volvemos al 10% para el capital activo e intentamos por todos los medios obtener beneficios.

Hay muchas formas de mostrar un beneficio, no sólo generando ingresos financieros. Cuando toca algo y lo deja mejor de lo que lo encontró, eso es un beneficio. Algunos beneficios son intangibles y otros son tangibles. Mucho antes del "Día de la Tierra", era de sentido común apagar las luces al salir de la habitación del hotel. ¿Por qué? Para conservar energía, para dejar un beneficio. Alguien dice: "Bueno, el hotel se lleva el beneficio". ¿Y eso qué importa? Todo lo que necesita es convertirte en una persona que deja un beneficio, que hace lo correcto.

Hablé con un hombre que dirige toda una cadena de apartamentos que me dijo: "¿Adivine qué? La mayoría de la gente cuando alquila un apartamento lo deja destrozado, peor de lo que lo encontró". ¿Qué clase de reputación es esa? Una podrida. Esa es una filosofía pobre que conduce a la pobreza, son vidas pequeñas. Cierto escritor describió así a este tipo de gente, "Viviendo vidas de tranquila desesperación". Aquí es donde empieza todo. No dejar un beneficio cuando se puede, apagar las luces, recoger y tirar a la papelera un trozo de basura por el camino. No importa lo que sea, vuélvase lucrativo. Los beneficios son mejores que los salarios, porque los beneficios tienen el potencial de hacer una fortuna. El salario solo sirve para ganarse la vida.

Así que enseño a los niños a coger parte del sueldo que ganan y destinar el 10% a obras benéficas y el 10% a intentar obtener beneficios. Por ejemplo, enseño a los niños a tener dos bicicletas, una para montar y otra para alquilar, y no tardan mucho en apreciar el negocio. No hace falta ser un genio. Cualquiera medianamente brillante puede empezar a obtener beneficios.

70, 10, 10, 10

Recapitulando, enseño tanto a niños como a adultos a no gastar más del 70%. Luego un 10% para caridad y un 10% para capital activo y un 10% para capital pasivo.

Los 10 céntimos de "capital pasivo" significan dejar que otro utilice el capital. Usted lo aporta, es pasivo. Ellos son activos y le pagan intereses por usar su dinero. Cobrar intereses da beneficios y es una forma única de hacer fortuna.

De hecho, enseño a los adolescentes esta filosofía bíblica que dice que *"el prestatario es siervo del prestamista "*[2]. Hay poder en ser prestamista, así que deje que otros usen su capital.

Algunos proyectos requieren más capital del que tiene una sola persona, así que hay "fondos comunes" de capital, como una institución financiera (banco, cooperativa de crédito, etc.). Gana intereses, obtiene beneficios, compra un coche y lo vende por más de lo que pagó por él. ¿Por qué? Porque lo deja mejor de lo que lo encontró. Toca algo y deja un beneficio y obtiene una ganancia. El beneficio no siempre está envuelto en dinero y economía, y esto le ayuda a ver el beneficio y el capital, los gastos y qué hacer con su tiempo y su vida, así como qué hacer con su dinero en otros escenarios de la vida.

Lo que ha estado leyendo, estos ejemplos de escenarios, son los que yo llamo los ideales. Lo importante es establecer el ideal y trabajar para conseguirlo. Al principio puede que no sea capaz de hacer estos números exactos de 70, 10, 10, 10.

Algunas personas se encuentran en una situación tan desesperada que actualmente trabajan con 97, 1, 1, 1. Ahí es donde yo tuve que empezar. Empiece con centavos, no importa, empiece justo donde está y recuerde, lo que cuenta no es la cantidad, sino la disciplina, el hábito que está estableciendo. El Sr. Shoaff me lo dejó claro diciendo: "No es la cantidad sino el plan lo que cuenta".

Yo le respondí que, si tuviera más dinero, tendría un mejor plan, a lo que contestó que, si tuviera un mejor plan, tendría más dinero. No es el dinero, no es la cantidad, es el plan lo que cuenta. Así que, establezca su plan ideal.

EL PLAN IDEAL

Puede reorganizar el plan y modificarlo para adaptarlo a sus circunstancias particulares, yo sólo le estoy dando ejemplos, así que establezca el ideal y luego empiece a progresar hacia él, porque finalmente, estos números van a cambiar cuando llegue a los números más altos.

La gente con la que trabajo no podría gastarse 70 céntimos de cada dólar, sería obsceno, demasiado, así que las cifras tienen que cambiar. No sé cuáles son las mías ahora mismo, pero yo gasto alrededor del 20% y doy porcentajes mucho mayores a la caridad y al capital activo y pasivo. Los números pueden cambiar cuanto más crecimiento financiero experimente. Aquí le estoy ofreciendo una filosofía y una disciplina buenas y flexibles que le servirán a lo largo de los años.

Recuerde, la filosofía es el conjunto de la venta. Para usted, la economía no es el conjunto de la venta sino su propia filosofía, su propio pensamiento, plan y concepto. No tome prestado el plan ni el concepto de otro. No tome prestado el concepto de "Gaste todo lo que pueda, cruce los dedos y espere lo mejor". Nunca tome prestado eso. Desarrolle su propia filosofía, y ella le llevará a lugares únicos.

CONTABILIDAD ESTRICTA

Una de las mejores disciplinas es llevar una estricta contabilidad financiera. ¿Ha oído o dicho alguna vez esta expresión relativa al dinero? "No sé a dónde se me va todo". "Se me escapa". No deje que eso se convierta en su filosofía, lleve un registro de todas tus transacciones financieras y asegúrese de que su dinero se registra con exactitud. Esto es importante.

UNA ACTITUD FINANCIERA POSITIVA

A continuación, desarrolle una nueva actitud, así como nuevos conceptos. Yo solía decir:

—Odio pagar mis impuestos.

—Bueno, es una forma de vivir— me instruyó el Sr. Shoaff.

—Bueno, ¿no odia todo el mundo pagar sus impuestos?

—No, muchos de nosotros ya hemos superado esa actitud. Una vez que entiende lo que son los impuestos aceptamos que forman parte de nuestro sistema de gobierno de nuestra sociedad. Los impuestos se utilizan para cuidar y alimentar a la gallina de los huevos de oro: la democracia, la libertad y la libre empresa. ¿No quiere usted alimentar a la gallina de los huevos de oro?.

Alguien más me comentó: "Bueno, es que el ganso come demasiado". Probablemente sea cierto, lo comprendo, pero es mejor tener un ganso gordo que no tener ningún ganso. Y esta es la verdad, todos comemos demasiado. No dejemos que un apetito acuse a otro. Por supuesto, el gobierno necesita ponerse a dieta, como la mayoría de nosotros, pero aun así hay que cuidar y alimentar al ganso. Cuando lo entienda, adoptará la actitud adecuada.

Solía decir:

—Odio pagar mis facturas.

—Bueno, es una forma de vivir— dijo el Sr. Shoaff.

—Bueno, ¿no odia todo el mundo pagar sus facturas?

—No. Algunos de nosotros ya superamos esa etapa. La próxima vez que pague 100 dólares a un acreedor, ponga una notita y diga: Le envío estos 100 dólares con gran placer. No reciben muchas notas de esas. Cuando reduzca sus pasivos y aumente sus activos, verá cómo cambia su imagen y cómo mejora su estado financiero. Me encanta pagar mis facturas, mantener el dinero en circulación, pagar mis impuestos y alimentar a la gallina de los huevos de oro. Es una cuestión de actitud.

Y el último consejo sobre la actitud: todos debemos pagar. La vida está llena de oportunidades, pero también tiene un precio que todos debemos pagar. Todos debemos compartir. Una de las historias clásicas de todos los tiempos de la antigua escritura bíblica dice que un día Jesús y sus discípulos estaban de pie junto a la sinagoga observando a la gente que pasaba y echaba sus ofrendas en el tesoro. Algunas personas venían y ponían grandes cantidades, otros ponían cantidades modestas y otros cantidades medias.

Y cuenta la historia que "pasó una viuda pobre y echó dos moneditas. Os aseguro -dijo Jesús- que esta viuda pobre ha dado más que todos los demás. Porque ellos han dado una pequeña parte de lo que les sobra, pero ella, pobre como es, ha dado todo lo que tiene'"[3]. Vaya, qué lección tan grande por aprender. Lo que cuenta no es la cantidad, sino lo que representa en nuestra vida.

Ahora déjenme darles la sabiduría del escenario que *no* ocurrió, el cual puede ser aún más valioso de lo que nos dejó el que sí ocurrió. Jesús *no* metió la mano en el tesoro y sacó los dos centavos de esta señora viuda y corrió tras ella diciendo: "Toma, señorita, mis discípulos y yo hemos decidido que eres tan pobre que queremos devolverte tus dos centavos". Le digo, eso *no* ocurrió.

Si Jesús hubiera hecho eso ella se habría sentido insultada, y con razón. Ella podría haber respondido: "Sé que mis dos peniques no son mucho, pero representaban la mayor parte de lo que tenía y tú me insultas al no dejarme contribuir con lo que podía contribuir, aunque sólo sean dos peniques".

Jesús dejó sus centavos en el tesoro, lo que significa que todo el mundo tiene que pagar, aunque sólo sean centavos. Esa es la clave, y tanto si empieza con céntimos como si empieza con dólares o incluso sin nada, recuerde que parte del escenario es gastar, por supuesto. Parte del escenario es invertir y parte del escenario es obtener beneficios, y parte del escenario es ayudar a cuidar de las personas que no pueden cuidar de sí mismas.

Establezca u propia filosofía que le lleve a donde quiere ir. No le pido que compre mi filosofía ni que adopte mis cifras concretas, sólo quiero provocarle para que piense, para que elabore una espléndida filosofía económica que le despierte desde temprano y le mantenga despierto hasta tarde, porque está pensando y reflexionando sobre la forma de utilizar sus recursos y convertirlos en los sueños que quiere para el futuro.

Ese es mi consejo de éxito sobre la independencia financiera, uno que yo mismo he probado, y se comparto para que
mejore lo más que pueda.

NOTAS

1. Mateo 6:24 NTV.

2. Proverbios 22:7 NTV.

3. Lucas 21:2-4 NTV.

8

LAS PALABRAS PUEDEN OBRAR MILAGROS

El último tema a tener en cuenta a la hora de elegir vivir el mejor año de su vida es la comunicación: cómo influir en los demás con las palabras. He desarrollado una enseñanza de cuatro puntos que dinamizará su crecimiento, impulsará su producción y garantizará su felicidad. Una de las habilidades más importantes que los padres, los profesores, los colegas y todos nosotros podemos aprender, es cómo tocar y afectar a otras personas con el poder y la singularidad de las palabras.

La comunicación es tan importante que las palabras pueden obrar milagros. Las palabras son poderosas, son casi como Dios; de hecho, la antigua escritura dice: *"La Palabra estaba con Dios, y la Palabra era Dios"*.[1] Guau. El año pasado le dije a mi audiencia israelí: *"En el principio... Jehová Dios dijo: 'Hágase la luz', y se hizo la luz "*[2] La historia de la creación es única: las palabras crearon la luz. ¿Es eso posible? Yo les digo que sí es posible.

Los seres humanos pueden acercarse bastante a crear luz con sus palabras. Por ejemplo, ¿qué pasa si alguien no sabe

Las palabras pueden obrar milagros.

qué hacer para que le vaya bien, cómo puede tener éxito o cómo puede transformar su vida y su salud, su futuro y sus finanzas, espiritualmente y en todos los sentidos? Esta persona no sabe, y usted llega y comparte su historia, y tal vez tome prestadas algunas otras historias. Y para cuando termina de compartir esta excelente presentación con esta persona, esta persona dice: "¡Ahora sé cómo hacerlo! Antes de que empezara a hablarme estaba ciego, estaba a oscuras, y mientras hablaba, ¡se me han presentado muchísimas oportunidades!".

¿Es posible crear luz con inteligencia humana simplemente con palabras? La respuesta es sí, por supuesto.

Aquí está parte de la espectacular oportunidad que tenemos como seres humanos cuando una persona habla y se comunica con otra. Las conversaciones tienen muchísimo poder y potencial. Una madre hablando con una hija, un padre hablando con un hijo, un vendedor hablando con un cliente. No hay nada más poderoso y sobrecogedor que las palabras, que tienen la capacidad de influir drásticamente en la vida y el futuro de las personas.

Así que conviértase en un buen comunicador: sus palabras pueden beneficiar a todos los implicados.

CUATRO PASOS PARA UNA BUENA COMUNICACIÓN

A continuación se exponen cuatro excelentes claves para una comunicación eficaz y útil.

1. ENCUENTRE SIEMPRE ALGO BUENO QUE DECIR

La comunicación empieza con la preparación, preparándose para hablarle a los demás individualmente o en grupo. Asista a clases, lea libros, tenga algo bueno que decirle a la gente. Aquí tiene cuatro buenas palabras que le ayudarán a tener algo bueno que decir: interés, fascinación, sensibilidad y cono-cimiento. Veamos cada una de estas cuatro buenas palabras.

Interés. Desarrolle un nuevo interés por la gente y la vida y por lo que está pasando, incluida la economía, la política, la reli-gión, la estructura social, las posibilidades, las oportunidades.

Fascinación. Desarrolle una fascinación que vaya un paso más allá del interés. La fascinación es la razón por la que los niños aprenden tanto esos seis primeros años. Los adultos caminan sobre las hormigas mientras los niños se agachan y las estudian llenos de curiosidad: están fascinados. "¿Cómo puede esa hormiga cargar con algo mucho más grande que ella?". ¡Cielos! Por eso aprenden tanto, están fascinados. Otra pequeña pista que he aprendido es *convertir la frustración en fascinación*. Un día iba por la autopista en Los Ángeles, mi avión salía en 45 minutos y el tráfico no se movía ni un milímetro y no podría haber razón alguna por la que me sintiera fascinado. Como verán, esta táctica no funciona todas las veces, pero cada vez que funciona, se aprende y disfruta más. Se puede aprender a estar fascinado en lugar de frustrado, intente y encienda ese pequeño escenario en su mente.

Sensibilidad. Para comunicarse mejor con la gente, tiene que entender de dónde vienen, dónde han estado y qué les pasa en la vida. La formación en sensibilidad es muy importante, la gente no es como usted; todos tenemos diversos retos, problemas y dificultades. Haga todo lo posible por ser sensible con los demás cuando se encuentren en un pozo, sea sensible a esa situación. Dos de las cosas más importantes que se dicen de Jesús eran: una, que era compasivo, se conmovía y se emocionaba por lo que la gente estaba experimentando. Si realmente quiere comunicarse bien, conmuévase y muévase, no sólo por su propio drama de la vida, sino por el drama que sabe que está ocurriendo en la vida de otras personas.

Por ejemplo, ¿cómo le habla un adulto a un niño? Una de las mejores maneras de identificarse con un niño que tiene 12 años mientras usted ya raya en los 40 es recordar cuando usted tenía esa edad. Vuelva atrás, recuerde el escenario y deje que le golpee de nuevo. Deje que le toque el recuerdo y la vivencia. Yo recuerdo casi todos los días algo que me decían cuando tenía 12 años. Si lo oí una vez, lo oí 100 veces: "Claro que no puedes ir. No eres una adolescente". Y pensaba:

"Vaya, no veo la hora de que termine este año". Recordar forma parte de ser sensible.

Saulo de Tarso era un odiador y asesino de cristianos. Después de convertirse al cristianismo se hizo un líder, se convirtió en Pablo, el venerado apóstol. ¿Por qué era tan eficaz en su lenguaje y en su capacidad de conmover a la gente con sus palabras y con su presencia? Porque recordaba el pozo oscuro de donde venía.

¿Qué hace que un actor de una buena a una interpretación en una obra? Pone su emoción a flor de piel y elige bien las palabras, las pronuncia con gran pasión.

El conocimiento. Tendrá algo bueno que decir cuando tome notas de la vida y reúna esa sabiduría y conocimiento en su diario. Reúna conocimientos de su biblioteca y de lo que otras personas creíbles tienen que decir en casetes y vídeos y otros medios. Reúna conocimientos, no sea perezoso a la hora de aprender. Una parte importante de la comunicación es la preparación: prepárese para decir algo bueno, interesante y fascinante.

2. DÍGALO BIEN DICHO.

La siguiente parte de una buena comunicación es decirlo bien. La primera es tener algo bueno que decir, y la segunda es decirlo bien. Permítanme darles una lista rápida sobre cómo decirlo bien dicho. El mejor punto de partida para una buena comunicación es la *sinceridad*. Lo siguiente es la *repetición*. Repita lo que tiene que decir para que se le quede grabado al oyente, pero no repita tanto que quieran dejar de escucharlo. A continuación, la *brevedad*. A veces, si es totalmente sincero, no necesitará muchas palabras, y espero que sea absolutamente sincero. A veces, de hecho, muchas veces, unas cuantas palabras pueden ser suficientes para influir en la vida de otra persona, un hijo, un compañero de trabajo, un amigo, un cliente de ventas o cualquier otra persona.

Para decir las cosas bien, hay que *construir un vocabulario excelente*. Unos amigos míos hicieron una encuesta entre los presos de un programa de rehabilitación. No buscaban especialmente esto, pero esto es lo que encontraron: definitivamente hay una relación entre el vocabulario y el comportamiento. Cuanto más limitado es el vocabulario, más tendencia al mal comportamiento, y cuando lo piensa un rato, tiene sentido. Las palabras son una forma de ver, y si no tiene un buen vocabulario, no puede ver muy bien. ¿Se imagina los errores de juicio en los que podría caer cuando no ve muy bien?

Las palabras expresan lo que pasa por su cabeza y su corazón.

Ahora debemos entender que las palabras expresan lo que pasa por su cabeza y su corazón. ¿Qué pasa si no puede ver ni expresarse bien? El resultado sería un escenario trágico de 5, 10 o 20 años sin mostrar ninguna mejora. Entonces el comportamiento se convierte en un problema importante, y el mundo de esa persona se hace cada vez más pequeño. ¿Por qué? No ven y no pueden expresarse, y finalmente, no necesitan un lugar mucho más grande que una celda de 3 por 4 metros. Su mundo es tan pequeño que no necesitan un lugar más grande. Le pido que amplíe su vocabulario. Yo solía escribir palabras en una tarjeta de 3 por 5 y pegarla en mi coche. Como conducía mucho, al final de cada día había aprendido dos o tres palabras nuevas y sus significados.

Mi hija mayor, Linda, y mis nietos pequeños, empiezan el día con una "palabra del día". Linda escribe una palabra en la pizarra y los niños memorizan la palabra y su significado. Luego, de vez en cuando durante el día, ella dice: "¿Cuál es la palabra del día?". Y ellos le responden correctamente. El último día que estuve de visita la palabra era "superficial". Linda le preguntó a Natalie, que tenía cuatro años: "¿Cuál es la palabra del día?". Natalie respondió: "Superficial". Entonces Linda le preguntó a Nathaniel, que tenía cinco años: "¿Qué significa superficial?". Él respondió: "En la superficie". Esa comunicación se produjo varias veces a lo largo del día. Si les preguntara a mis nietos: "¿Cuál fue la palabra del día la última vez que estuvo aquí el abuelo?, le apuesto a que probablemente lo sabrían. Superficial, en la superficie.

¿Por qué no ampliar su vocabulario para ver más y expresarse mejor? Ponga en palabras lo que hay en su corazón, alma y mente. La comunicación es importante en todos los ámbitos de su vida; por tanto, *dígalo bien dicho, tenga algo bueno que decir* y *léale a su público*. Son conceptos sencillos que significan mucho y le ayudarán a llevarse bien con la gente y tener un mejor día, semana, mes y año. Tiene que añadir algunos detalles, pero ya le he dado los conceptos más básicos y usted podrá construir sobre ellos.

3. LEA A SU PÚBLICO.

Si está hablando con un niño tiene que estudiar su cara y su lenguaje corporal. Estudie lo que está pasando para saber si debe cambiar su enfoque, ponerle un poco más de energía o aflojar un poco, buscar otra ilustración o definitivamente cambiar de historia. Gran parte de la buena comunicación se basa en leer al público. Cuando empecé a dar conferencias tuve algunos problemas. Estaba tan absorto en mis notas que el público podría haberse marchado y yo ni siquiera me hubiera dado cuenta, habría seguido hablando. No sabía leer a mi público. Le aconsejo que siempre lea a su público, ya sea un posible cliente, un grupo, o cualquier otra persona con la que esté entablando una conversación.

Hay tres formas distintas de leer a su público: lo que ve, lo que oye y lo que siente. *Leer lo que ve* significa fijarse en el lenguaje corporal de una persona, pues eso le indica cuándo debe cambiar de acción, si debe continuar o si debes parar. Si está hablando con alguien y se inclina hacia la puerta, significa que debe darse prisa porque está a punto de irse. Si un tipo está cruzado de brazos y con la barbilla hacia abajo, será difícil venderle. Tiene mucho trabajo por delante, así que rebusque en su mochila. Encuentre historias extraordinarias que contar. Si alguien se inclina hacia usted, parece relajado y le escucha, es porque está disfrutando de la interacción.

La siguiente forma de leer a su audiencia es *leer lo que oye*. Cuando habla con niños, a ellos no les importa decirle

Lea a su público para descubrir qué es lo que ve, lo que oye y lo que siente.

cuándo están aburridos o impacientes. La capacidad de atención de un niño es corta, así que diga lo que tenga que decir rápidamente. Los adultos pueden decir algo como: "Bueno, todo esto es muy interesante. Gracias por venir", y esa será una buena señal para terminar su discurso. Lea lo que oye, escuche las respuestas y entonces sabrá si debes cambiar de acción, cambiar su lenguaje, buscar una nueva ilustración, suavizar, dar más fuerza. Lea lo que oye decir a su público.

Otra forma de leer a su público es *leer lo que siente*. Las mujeres son decididamente mejores que los hombres en captar las señales emocionales. En general, los hombres pueden ver y oír, pero deberán entrenar para poder sentir las señales emocionales, que son tan importantes para evitar decir algo insensible. Es muy fácil equivocarse en el lenguaje. Por ejemplo, si quería decirle a alguien por quien siente afecto: "¿Qué es lo que le preocupa?". y en su lugar dice: "¿Qué es lo que le pasa?", la persona escucha una actitud totalmente diferente e insensible. Así que lea las señales emocionales para descubrir cómo parece sentirse la persona.

Las mujeres parecen tener una sensibilidad incorporada hacia los demás, especialmente hacia el peligro. Antiguamente, el hombre era el proveedor y la mujer la protectora en el hogar, por lo que podía detectar el peligro con mayor rapidez. Tomemos por ejemplo dos situaciones: 1) En mitad de la noche, cuando el bebé llora, mamá se despierta y papá duerme. Al menor llanto, mamá se despierta. 2) Por la noche, la mujer le da un codazo al marido y le dice: "Ve a echar un vistazo, algo no está bien". Él murmura: "¿Cómo que no está bien? Todo está bien". Ella le insiste: "Ve a ver". Finalmente el accede y se levanta de la cama, baja las escaleras y ve que la puerta principal está abierta. ¿Cómo lo supo? No lo sabemos. Simplemente lo sabía. Es muy valioso ser capaz de captar señales emocionales para tener una buena comunicación, tanto como lo que ve y lo que oye.

El antiguo escenario dice que hay pastores, ovejas y lobos. Y algunos lobos son tan listos que se disfrazan de ovejas para engañar a la gente.[3] El hombre dice: "Parece una oveja, habla como una oveja, debe de ser una oveja". La mujer dice: "No es una oveja, créeme, lo sé". Créame, lo saben. Lea, capte las señales, no las ignore. Desarrolle este escenario personal de comunicación, independencia financiera, y todo lo demás.

4. INTENSIDAD.

La cuarta estrategia para comunicarse bien es *hablar con intensidad* mezclando las palabras con emoción, con odio, o con amor. También pueden mezclarse con fe o coraje. Ese tipo de palabras hacen que la comunicación sea poderosa.

Ponga más de su propia persona en lo que dice.

Las palabras tienen un cierto efecto, pero las palabras cargadas de emoción tienen un efecto increíble.

¿El mejor consejo que puedo darle sobre la comunicación? Ponga más de *usted* en lo que dice. No sea informal en el lenguaje ni en sus palabras. La informalidad provoca bajas en la comunicación, así que no sea perezoso en el aprendizaje de la buena comunicación.

Una precaución: mida la intensidad de su emoción según la ocasión. En la formación de líderes les enseñamos a no disparar un cañón contra un conejo. Es eficaz, pero se quedará sin conejo. Ese es un escenario poderoso para entender la comunicación eficaz. La buena comunicación consiste en utilizar palabras bien elegidas mezcladas con una emoción medida que afecte positivamente a las personas.

Y un último punto sobre la comunicación: *cuanto más se preocupa, más fuerte puedes ser*. Cuanto más se preocupa como madre, más fuerte puede ser con sus hijos. Cuanto más se preocupa como padre, más fuerte puede ser para su familia. Cuanto más se preocupa como líder, más fuerte puede ser para ayudar a resolver problemas y hacer correcciones. Tiene que preocuparse. No me importa que el ministro envíe mi alma al fuego del infierno por mis caminos pecaminosos, siempre y cuando lo haga con lágrimas, no con alegría. No puede predicar legítimamente el fuego del infierno a menos que su corazón se haga pedazos en el proceso, si no es así, es una simple actuación.

Algunas conversaciones no tienen sentido a menos que vayan acompañadas de lágrimas o de un corazón roto. Aprenda a hablar con las emociones medidas y adecuadas para la ocasión. Recuerde, recurra a palabras bien elegidas y a un vocabulario amplio. Sea interesante y fascinante, reúna

La buena comunicación consiste en utilizar palabras bien elegidas mezcladas con una emoción **mesurada que afecte positivamente a las personas.**

Aprenda a llorar y a reír intensamente.

todo esto y su capacidad para conmover a otras personas crecerá día a día, semana a semana, mes a mes y año a año.

Mi último tema se divide en dos *partes: aprender a llorar bien y aprender a reír bien.* Primero está la parte negativa -no habría nada positivo sin lo negativo-, ambas forman parte del escenario de la vida. Una antigua escritura lo dice mejor: *"Para todo hay una temporada... un tiempo para llorar y un tiempo para reír".*[4] Y tiene que ser lo suficientemente sabio como para saber cuándo es un tiempo para llorar y no para reír.

¿Cómo puede identificarse con la gente si no llora con ellos cuando lloran? Los momentos negativos de la vida son normales y usted debe aprender a manejar cada uno de estos momentos cuando lleguen a su puerta. No lo descarte ni lo ignore. Deje que forme parte de tu escenario, aprenda a dominar los momentos difíciles, lo que nos harán mejores para lidiar con ellos la próxima vez.

Los tiempos difíciles nos hacen mejores de lo que somos porque nos mueven a estar alerta ante la tiranía, la ignorancia o la dilación que nos roba la fortuna o la salud. Hay que luchar contra los enemigos exteriores e interiores, así que aprenda a manejar lo negativo.

Recuerde, hay un momento para llorar y otro para reír, para ser positivo. Llegará el día, y muchos días, en que su vida dará un vuelco.

DÉ UN GIRO A SU VIDA

En realidad, el día que su vida da un giro consta de cuatro partes: asco; decisión; deseo; resolución.

1. ASCO

El asco es una emoción negativa, pero puede tener un efecto muy positivo y poderoso. El asco dice: "Estoy harto". Qué importante puede ser ese día. ¿Cómo? Una empresa de Nueva York me invitó a dar una charla en donde conocí a una hermosa, poderosa y consumada ejecutiva que era la vicepresidenta. Cuando tuve la oportunidad de hablarle le pregunté: «¿Cómo ha llegado hasta aquí?" Tenía grandes ingresos, pero nunca había ido a la universidad, así que me daba mucha curiosidad. Me dijo: "Bueno, déjeme que le cuente parte de la historia. Cuando era una joven madre, hace unos años, un día le pedí a mi marido diez dólares, y él preguntó para qué los quería. Antes de que acabara ese día, decidí que nunca jamás volvería a pedirle dinero".

Hizo una pausa y continuó: "Empecé a estudiar las oportunidades y las encontré. Tomé clases, me puse a estudiar y ahora soy vicepresidenta. Gano mucho dinero y cumplí la promesa que me hice a mí misma. Nunca jamás he tenido que volver a pedir dinero, ni a él ni a nadie".

A eso podemos llamarle un acontecimiento, o un día, que cambia la vida. El día en que dice ya basta, nunca más. Si puede añadir un acto a tu disgusto, eso ayuda aún más. Un hombre lleva una escopeta y se dirige a su coche, revienta todas las ventanillas, destroza todos los neumáticos, le mete cien balazos y dice: "No pienso conducir esta carcacha nunca más". Más tarde, cuando alguien le pregunta: "¿Cómo has llegado a ser rico y poderoso?", él responde: "Deja que te enseñe este coche. Un día estaba tan disgustado que lo volé en pedazos". Ahora es rico y poderoso porque tuvo que luchar por conseguir algo que dejo de tener por decisión propia. Mejoró de nivel por decisión propia.

2. DECISIÓN

La toma de decisiones es una acción que cambia la vida. Si en los próximos días escribiera una lista de decisiones acertadas, esa misma lista podría servirle de inspiración para los próximos 5 o 10 años. Qué día tan inspirador el día en que decide a pasar a la acción, tomar esa decisión que ha estado posponiendo, y se enfoca en dar ese paso y decide aprovechar la oportunidad que ha estado guardada en la estantería o en el archivador.

3. DESEO

El deseo es querer algo lo suficiente como para conseguirlo. ¿Quién conoce el misterio de esta paradoja? No lo sé, pero algo que sí sé es que a veces el deseo está esperando un desencadenante, espera que suceda algo. Quién sabe qué suceso puede ser, la letra de una canción, una melodía, una película, algún diálogo oscuro, un seminario, un sermón, un libro, una experiencia, la confrontación con un enemigo, una conversación con un amigo que por fin se pone a su nivel. Sea cual sea la experiencia, es muy valiosa y despierta el deseo. ¿Mi mejor consejo? Deles la bienvenida a todas las experiencias porque nunca sabe cuál de ellas va a encenderlo todo y a darle la vuelta a tu día.

No levante muros para mantener fuera la decepción, porque entonces también mantendrá fuera la felicidad. Derribe todos los muros, déjese llevar por la experiencia, las oportunidades, las heridas y la felicidad. Deje que cada momento le enseñe algo.

4. RESOLVER

Resolver es lo mismo que decir «¡lo haré!», que son dos de las palabras más poderosas del idioma. El Primer Ministro del Reino Unido, Benjamín Disraeli, dijo: "Nada puede resistirse a una voluntad humana que apuesta su existencia a su propósito". En pocas palabras, lo haré o moriré. La mejor definición de resolución que tengo para compartirles es la de una niña de secundaria de Foster City, California. Un día les pregunté a los niños: "¿Quién puede decirme qué significa resolución?". La niña que estaba tres filas más atrás dijo: "Creo que yo lo sé, Sr. Rohn. Creo que resolver significa prometerse a uno mismo que nunca se rendirá". Es lo mejor que he oído nunca.

Quiero que se decida, que se prometa a sí mismo que no se rendirá nunca. Resuélvase a leer los libros hasta que sus habilidades cambien y resuélvase a asistir a seminarios hasta que entienda lo que necesita aprender. Resuélvase a escuchar hasta que todo tenga sentido y decida que no cesará hasta que lo entienda. Resuelva que practicará hasta que desarrolle la habilidad y que no se rendirá nunca, por mucho tiempo que pase. Paso a paso, pieza a pieza, libro a libro, palabra a palabra, manzana a manzana. De una vuelta a la manzana, vaya y obténgalo. No pierda la oportunidad de crecer y decídase a pagar el precio hasta que aprenda, cambie y se convierta. Por su camino descubrirá muchos de los mejores tesoros de la vida.

CONSTRUYA UNA VIDA QUE MEREZCA LA PENA

He aprendido mucho a lo largo de los años y lo que sigue son fragmentos de esa sabiduría acumulada. Además de lo que ha leído, le ofrezco cada uno de ellos como estrategias de construcción para el crecimiento, la productividad y la felicidad que sentarán una base firme para vivir su mejor año ahora y en los años venideros.

- Aprenda a ayudar a la gente con su vida, no sólo con su trabajo.
- Aprenda a ayudar a los demás en lo que importa.
- Toque a la gente con un libro o un poema.
- Toque a la gente con palabras de aliento.
- No deje de escuchar.
- Ayude a las personas a fijar sus metas.

Resolver significa prometerse a uno mismo que nunca se rendirá.

- Ayúdeles con sus sueños.

- Ayúdeles a ver cómo podría ser su futuro.

- Ayúdeles a superar sus errores y equivocaciones.

- Tómese en serio su papel de padre. Ser padre es el papel más importante que tiene.

- Ayuda a tus hijos con sus vidas, no sólo con sus deberes.

- Ayude a sus hijos a convertirse en adultos felices, productivos y brillantes.

- Desarrolle una buena comunicación.

- Fíjese metas y esfuércese por alcanzar cada una de ellas.

- Aprecie y comparta sus dones, talentos y habilidades.

Mire adónde me han llevado mis dones hoy: la oportunidad de invertir en un número incalculable de vidas en todo el mundo. ¿Se imagina lo que se siente? He tenido la oportunidad de elegir las mejores palabras que podía crear para compartirlas con ustedes. Mezclo mis palabras con mi corazón y mi alma y toco las vidas de la gente en un esfuerzo por ayudarles a convertirse en las personas que están destinadas a ser. Es una experiencia increíble, y le pido que usted también trabaje en sus dones, pues ellos le llevarán a un lugar maravilloso lleno de grandes oportunidades.

Y puede que uno de estos días la gente lea su libro, compre su producto, se siente a escuchar su seminario, le vea actuar o escuche la historia de cómo se ha vuelto poderoso, como cambió, se desarrolló y evolucionó hasta llegar a su propio lugar, único en el mundo.

Si le he inspirado hasta ese punto con lo que ha leído, gracias por darme la gran oportunidad de invertir mi vida en la suya. Ha sido una experiencia increíble para mí. Gracias y que Dios le bendiga.

NOTAS

1. Juan 1:1 NTV.

2. Génesis 1:1,3 NTV.

3. Mateo 7:15 NTV.

CONCLUSIÓN

EL SIGUIENTE PASO

Enhorabuena. Con sólo leer y asimilar los consejos y la sabiduría que se presentan, ha dado un primer paso fundamental para mejorar su vida, un paso que otros no dan. Sabemos que si obtiene una sola gran idea de este libro, valdrá muchas veces más que el precio que pagó. Además, las ideas compartidas le beneficiarán durante toda la vida.

Pero, ¿dará el siguiente paso? Esa es la pregunta clave, y la única persona que puede responderla eres tú. Como te dirá cualquier atleta estrella, el verdadero poder y la fuerza residen en el seguimiento. A veces, como nos ocurre a todos, la vida se interpone en nuestro camino y puede dejar de lado los verdaderos deseos de nuestro corazón. La gente a menudo empieza sintiéndose como tú probablemente te sientas ahora, entusiasmada, motivada, dedicada, lista para hacer los cambios necesarios para alcanzar las metas y lograr los sueños que se han propuesto.

Pero perder el impulso es simplemente propio de la naturaleza humana. Muy pocas personas tienen el extraordinario nivel de disciplina que se necesita para automotivarse exclusivamente. El resto de nosotros necesitamos un estímulo, un apoyo y una motivación continuos e interactivos para mantener nuestro entusiasmo y alcanzar realmente nuestros objetivos. Sin eso, puede ser imposible mantenerse centrado y en el buen camino.

Vivir el mejor año de tu vida es tan sencillo como seguir leyendo, aprendiendo y aplicando estas magníficas ideas, estrategias y técnicas en tu vida. Cuando lo hagas, verás mejoras reales y significativas de inmediato.

En este momento, en el que te sientes inspirado, capacitado y, lo que es más importante, listo para pasar a la acción, en Nightingale-Conant queremos que mantengas esa sensación hoy, mañana y el resto de tu vida, y que utilices ese entusiasmo para crear la vida de tus sueños, pero sabemos que no siempre es fácil hacerlo.

Por eso, compartimos contigo un secreto sencillo, pero extremadamente eficaz, que te ayudará a mantener la motivación que sientes en este momento y a alcanzar realmente los objetivos que te inspiraron a comprar y leer este libro.

Esta herramienta en línea extremadamente útil es un *Constructor de Declaración de Misión Personal*. En sólo cinco minutos, este servicio en línea gratuito y fácil de usar revela una declaración impresa detallada y claramente definida de la misión de tu vida, que te da el poder de alcanzar realmente cualquier objetivo: espiritual, personal o financiero. Tu declaración de misión puede ser una luz que te guíe, que te mantenga centrado en lo que es importante, en la persona en la que te estás convirtiendo, en la vida con la que sueñas y en los objetivos que planeas alcanzar para que tu vida se desarrolle exactamente como deseas.

Utilice este servicio gratuito ahora y se impulsará inmediatamente hacia la consecución de sus objetivos y sueños. Sabemos que esto es cierto porque miles de personas ya han aprovechado esta oportunidad y han experimentado transformaciones de vida rápidas y espectaculares como resultado. Esta es su invitación a ser el siguiente.

Si estás decidido a tener más, a hacerlo mejor, a vivir la vida al máximo y quieres alcanzar esos objetivos en un tiempo récord, sólo tienes que visitar nuestro sitio web en www.nightingale.com/missionstatement para iniciar el proceso.

Después, ¡a disfrutar del mejor año de su vida!

ACERCA DE JIM ROHN

(1930-2009)

Durante más de 40 años, Jim Rohn perfeccionó su oficio como un experto artista, ayudando a personas de todo el mundo a esculpir estrategias de vida que ampliaran su imaginación de lo que es posible. Quienes tuvieron el privilegio de oírle hablar pueden dar fe de la elegancia y el sentido común de sus ideas y su sabiduría.

No es casualidad que siga siendo considerado uno de los pensadores más influyentes de nuestro tiempo y que muchos lo consideren un tesoro nacional. Es autor de numerosos libros y programas de audio y vídeo, y ayudó a motivar y formar a toda una generación de entrenadores de desarrollo personal y a cientos de ejecutivos de las principales empresas de Estados Unidos.

¡ GRACIAS POR LEER ESTE LIBRO!

Si alguna información le resultó útil, tómese unos minutos y deje una reseña en la plataforma de venta de libros de su elección.

¡REGALO DE BONIFICACIÓN!

No olvides suscribirte para probar nuestro boletín de noticias y obtener tu libro electrónico gratuito de desarrollo personal aquí:

soundwisdom.com/español

Porque tu éxito importa